U0840626

连接更多书与书，书与人，人与人。

体悟式教练

走心的方法

杜奎松　著

中华工商联合出版社

图书在版编目（CIP）数据

体悟式教练：走心的方法 / 杜奎松著 . — 北京：中华工商联合出版社，2019.2

ISBN 978-7-5158-2460-4

Ⅰ . ①体… Ⅱ . ①杜… Ⅲ . ①企业管理—职工培训
Ⅳ . ① F272.92

中国版本图书馆 CIP 数据核字（2019）第 015549 号

体悟式教练：走心的方法

作　　者：杜奎松
总 策 划：柏宏军
特约编辑：张　瑜
策划编辑：付德华
责任编辑：楼燕青
营销企划：王　静　徐　涛
装帧设计：李佳明
责任审读：李　征
责任印制：迈致红
出版发行：中华工商联合出版社有限责任公司
印　　刷：北京欣睿虹彩印刷有限公司
版　　次：2019 年 12 月第 1 版
印　　次：2019 年 12 月第 1 次印刷
开　　本：880mm×1230mm　1/32
字　　数：180 千字
印　　张：8.25
书　　号：ISBN 978-7-5158-2460-4
定　　价：49.90 元

服务热线：010-58301130
销售热线：010-58302813
地址邮编：北京市西城区西环广场 A 座
19-20 层，100044
http://www.chgslcbs.cn
E-mail:cicap1202@sina.com（营销中心）
E-mail:gslzbs@sina.com（总编室）

自 序

一旦你感到困惑的时候，就预示着你的机会来了。

企业作为一个社会经济的微观组织，和人们一样会面临着这样的困惑与机会。这种“带着困惑的机会”并不是现在才有，它容易被人们体察到是因为世界的发展进入了“幂次曲线”的“抬头阶段”。看看雷·库兹韦尔（Ray Kurzweil）在21世纪之初说的话，就容易理解我们所处的现状了:“20世纪所取得的成就，等同于以2000年的速度发展20年所取得的成就，也将等同于未来14年的发展取得的成就（到2014年）。以此类推，这14年取得的成就将等同于其后7年所取得的成就。我们将见证两万年的发展进步（同样以‘今天’的速度衡量），或者说，我们将见证1000倍于20世纪的发展成就。”①

时至今日，我们已经见证的企业和企业管理发生了什么重大变化呢?

企业组织的方式“不再那么规范化了”，或者说正式化的企

① 雷·库兹韦尔. 奇点临近［M］. 董振华，李庆成，译. 北京：机械工业出版社，2011.

业组织与管理的局限性越来越明显了。正如系统组织专家所声称的："自然系统论坚信高度集中化和正式化的结构注定会变得无效力和非理性，因为它浪费了组织最珍贵的资源——参与者的才智和创造力。"[①]与这个困惑一同到来的机会是：有效的组织越来越关注"人心"了！

在这个充满着"带着困惑的机会"的时代当中，生而负有启人心智使命的教练的身影变得越来越清晰了。

从组织管理的角度来看，教练是一种介于正式组织与非正式组织之间的组织形式，它可以化解正式组织当中制度和人们心灵需求的冲突，为组织协调每一位参与者的才智并最终实现组织目标提供了一条具体的道路。

然而，当教练的身影快速走近我们的同时，我们却发现教练的灵魂还未曾真正到来。许多运用教练技术的管理者和职业教练对教练形式迷恋有加，却一直未曾进入"教练的状态"。这就像一个停留在传统管理思维当中的企业，即便掌握了新的管理技术，也难以真的来到新的境界，把握住嬗变中的机会。在这个加速变革的时代中，一方面，企业发展对教练式管理的需求越来越显著；另一方面，这种"灵魂落后于脚步"的情况也变得越来越普遍，越来越突出。

在教练行业里面，一些职业教练一听到新鲜的教练技术名词，就会像饥饿的动物发现猎物般，立刻把耳朵竖起来。而诸多企业

① W. 理查德·斯科特，杰拉尔德·F. 戴维斯. 组织理论：理性、自然与开放系统的视角［M］. 高俊山，译. 北京：中国人民大学出版社，2011.

的管理者在学习当中也更乐于记录知识，而不是体悟管理情景当中的管理智慧，他们在管理他人的过程中自然也更倾向于去传输知识，而非给下属创造一个体悟智慧的机会。

许多“勤奋地”追求教练技术的培训师和管理者，为什么无法高效成长继而有所突破呢？答案并不在于他们传统意义上的学习能力不足，而在于他们拥有了教练的漂亮形体的同时却把教练的灵魂关在了门外。

技术本身可以给人们带来工具和结构化的方法，却并不直接带来驱动这些工具和方法的“心法”。而一旦获得了驱动这些技术和工具的“心法”，其功力自然会入于化境。这就像武侠小说当中经常描写的情景：功力高深莫测的武林高手可以随手将筷子、石子作为武器，甚至可以把树叶变成锋利无比的利器！

小说的描写看起来纯属虚构，然而这其中所蕴含的东西却在“道”的层面接近真相：只靠技术而缺乏“内在的功力”是不可能突破局限的现实而成为得道者的！

无论是对培训师还是对管理者而言，缺乏“走心”的心法修炼都是问题的根本所在。

当然，技术并不可恶，反而很可爱，因为它能给理解它的人带来提升和帮助，总结和梳理技术必定是一名职业教练的日常之一，这本身就是功力提升的具体“法门”，从“修行”到“修心”。“技术之可爱”的前提在于运用者理解而并不执着于技术，在于因理解技术而使其成为心智发展的阶梯，成为智慧的容器而非监牢。

如何理解教练技术、如何应用教练技术在“非正式组织”时代到来之时，正是管理者修炼的要点。这个理解和应用的过程也恰恰是疏通管理经络、化解管理痛点的过程。“管理”本身就是一个全景观察世界的视角，是个说不完道不尽的话题，而本书正是透过教练视角来看管理，这也是运用管理思维（例如系统思维、管理心理思维）在审视教练。事实上，这两个角度在有效发现问题和解决问题的时候往往有着相同的落脚点，只是教练由心而生，因变化与突破而存在，更纯粹地适合这个加速变化的“困惑—机会”时代。这种双向的关注并不是在管理的工具方法层面展开的，而是以对教练的体悟来连接管理的体悟。管理者对教练的悟道并非让自己成为职业教练，而是以教练体悟进行有效的管理；而职业教练在培训（不只是培训现场，更包括为了培训目标所做的努力）当中对教练的“悟道”也往往是对“管理”或“领导”的悟道。

教练是一个开放性的话题，言语再繁复都无法尽叙，只有悉心体悟才能一睹其真容，而体悟少不了鲜活的细节。本书内容分为两篇，上篇主要讨论了教练之道，下篇则关注体悟式教练场景当中的方法运用细节。

正如哲学家怀海特（Whitehead）指出的：在世界上的所有地方和任何时候都有注重实际的人，他们只承认“不容置疑的既有事实”；在世界上所有地方和任何时候还都有深受哲学诱惑的人，他们致力于寻找普遍原理。正是对事实细节的强烈兴趣与对抽象概括热烈追求的结合，才是我们现如今一切新知识的来源。

期待本书的内容能为企业管理与教练领域的“灵魂、身形的合一”做出些许贡献。

目录

CONTENTS

理解篇

体悟式教练修心要点

实 战 篇
体悟式教练修行方法

导 语

一次，在给一家管理软件公司做中层领导力提升的培训，那是我培训行程最繁忙的一个月。

疲惫还不是这次培训真正的挑战！用培训公司项目经理的话来讲，这是一场“挽救式”的培训。之前的数次课程安排内容是某个知名的版权课程，按道理说，项目经理也是费尽心思，而项目到现在为止，却已经到了崩溃的边缘。

毕竟，优秀的课程还是要由人来完成授课的，正如并不是有好的剧本和一套漂亮的戏服就可以唱一出感人的剧目。也可以说，这是一个普遍的挑战：技术和方法的发展像是让人们扔掉了老旧的盔甲，钻进了威武的坦克，然而，无论是“盔甲”还是“坦克”都是需要人的力量和智慧来应用的，把智慧的属性完全交给人造物的时代还没有真正到来！

在心智的“战场”上，其中的角色不仅有培训师，也包括学员，课程需要他们共同来完成。而培训师在其中的角色毫无疑问是首要的。培训师作为教练者的心智模式和对技术的思考往往成为这个“心智战场”的实际条件，是山地战还是丛林战往往由其决定。当然，需要说明一点：培训师和学员是共同作战的战友，他们的共同敌人是隐藏在心智阴影当中的“怪兽”。

在那次培训项目当中，大家对于之前打怪兽的游戏貌似玩得并不开心。面对客户的抱怨，项目经理压力很大，她以数次叮嘱的方式想把这种压力变成动力注入我疲惫的身体里。更何况，这位培训项目经理之前并未与我共事过，她那期待而忐忑的心情是不难体会到的。

然而，这些叮嘱并不是完成这场培训的关键。或者说，这次培训项目的操作风险是显而易见的，缺乏充分的准备和训前的交流，在有经验的培训负责人看来，这无疑是犯了大忌！

懂得培训运作的方法，又能怎么样呢？这并不是一场组织草率的培训，反而是一个经过精心准备的培训项目。然而，问题还是发生了！如何把这场培训做好成了当前要解决的首要问题。

学员是企业的中高层主管，是一群有潜质的“好战友”。这家企业由一个高校的创业团队发展而来，中高层管理者普遍具有高学历，有研究开发的专业背景，也喜欢学习管理的知识和技能，经过多年的管理历练，大家对管理有着自己富有个性的经验和看法。有这么一群有动机的学习者，这样的培训应该成功才对！

培训一开始，“气场”不错。培训项目经理也从刚开始的紧张状态放松下来了，到培训教室外面忙起了别的事情。“体悟式教练”的方法对学员而言就像老友的交谈，显得很自然，每个模块在活动分享与总结提升中顺畅地展开了。在这个之前已经发生了“断裂”的培训项目中，管理与领导力的顿悟开始生长绽放。

课后的反馈由培训顾问转发给我，核心学员的感悟是“悟到了管理的要点”……

在两年之后的一次交流中，这位项目经理还提到了那次让她的心情“坐了过山车”的培训项目，她对我说起我之前并不知道的客户反馈：“这个课是需要我们用心去悟的！”

这样的反馈着实让我感到欣慰。因为作为教练，即便是在出现了“断裂”的情景当中，也可以有一条正确的途径和学员建立连接。实际上，这种“断裂”的状态恰恰是教练开展的一种资源而非负累，这恰恰就是“体悟式教练”的价值所在！在这样的关键时刻，教练者用“体悟式教练”的“功法”促发了学员内心的“悟性”，从“断裂”来到“整合”。

在多次收到客户类似的反馈，看到学员们感激的目光之后，作为教练的我也体悟到：这是一种以“心”动“心”的“领导力突破之旅”，我应当写一本书把其中结构化的方法与体悟分享给培训行业和企业的管理者朋友们。

当然，用文字呈现富有体悟的内容，这其中的“悖论”又是不言而喻的！然而，对于教练者而言，这种突破又充满了富有价值的兴奋感，让我听到了内心深处的声音：“把它写出来！”

当然，要写教练的话题，还有一个挑战，那就是教练的说法在培训领域已经非常普遍，与之相近的概念也有许多，那么教练最富有价值的内容到底是什么？这显然并不仅仅是培训技术上的讨论，而是指一名真正的教练所应当体悟的“道”。

从理性的思索回到真实的内心，这个答案一直就在那里：讨论教练的话题，难道不是在讨论“人与人之间最大的帮助是什么”这个话题吗？难道教练不就是在以自身的“能量”促成他人的“顿悟”与心智层面的突破（解脱）的一群人吗？

如果某个人的行为是自觉而富有“能量”地在启发他人，这不就是教练者“为师”的真相吗？

希望这本书能够激发你对教练和领导力“体悟的状态”，在这种“悟”的状态中生发更多的灵感。

理 解 篇

体悟式教练修心要点

第 1 章

“教练”的“五重境界”

“教练”的“五重境界”：

第一重境界，提供一面镜子，让受教者看到障碍后的真相。

第二重境界，擦亮这面镜子，让受教者可以更好地看到突破的路径。

第三重境界，让受教者看到自我，整合自我，突破困境。

第四重境界，自我教练，让外部教练成为手中的镜子与伙伴。

第五重境界，顿悟，丢掉镜子，回归真相。

翻开这本书，如果你是要了解“教练”的定义是什么，那么可能你选错了要阅读的书。定义背后是对你“定义的这件事情”的思考。我们在管理或培训当中提到“教练”往往不是要教授他人知道什么是教练，而是运用“教练”这种方式来更有效地帮助他们得到启发。这就像是领导者并不会对其追随者讲解领导力知识，而是让他们受到激励，看到真相。

教练甚至也不是什么方法。虽然许多人像追求其他虚妄的东西一样在追求教练的技术技巧，而实际上，没有这些方法的训练，你仍然可以成为一名好教练。当你和一名真正的教练聊天时，这名教练可能会告诉你他的体悟：教练是种“寂然不动，感而遂通”的事情；丰富的方法和技术可能会帮你长出肌肉，却未必能让你具有教练的灵魂。

从学习的角度来理解，学习刚开始大多是做自己不擅长的事，你有多能做自己不擅长的事情或许意味着你的某种学习能力；而更高级的学习力是悟出事情的意义，你会发现“把事情做好”的背后其实还有更深层次的东西在等着你；而再高级的学习力往往已经分不清楚你在学什么，这种状态下你已经把自己融入其中，和学习的对象成为一个整体了。

而现实情况是，许多管理者读书或是参加培训，为的是学到能解决问题的至理名言或专业方法。他们认为理论之类的知识很高深，一方面崇拜，另一方面敬而远之，同时还“看不起”自己真切的管理感受，因而让自己进入一种“麻木”的状态，远离自己真正的体悟。实际上，管理者自己的体悟才是更重要的，通过体悟的方式同样可以获得实用和有普遍性的智慧。这种智慧是由“感”而通的，而不是由他人传授给你的，甚至也不是哪个严肃的理论能够启发你的。

想要一本正经地去理解教练的话，首先我们要知道，“教练”是一个表达。如果追寻它的源头，人们会说起运动员的“教练”，然后把这种以技能辅导为主的“教练”说成“小教练”，而把启发人心智的教练说成“大教练”。其实，“教练”就是一个启发他人的角色，只是这个角色不像医生或教师的角色那样有着明确的社会认知，用“教练”这个具体的表达比较容易让人理解这个角色罢了。“教练”根本不是像某些所谓“教练的定义”所说的由体育教练演变而来。至多只能说“体育教练”是“教练”的一种体现，教练是一种人类社会的“原型”①，自古就有。当人类的灵性火花闪烁的那一刻，教练的光影就随之闪耀了，或许在静谧夜晚的山洞当中，也或许在视野开阔的热带草原之上。教练就是那个启人心智的人类社会的角色，无论不同的语言和文化把它叫作什么，是“先知”还是“圣人”，是“良师”还是“益友”，是“修

① 按照心理学家卡尔·古斯塔夫·荣格（Carl Gustav Jung）的说法，“‘原型’是人类原始经验的集结，它们像命运一样伴随着我们每一个人，其影响可以在我们每个人的生活中被感觉到。”通常，我们会把“原型”理解为超个体的典型心理形象或社会场景当中的典型的先验的模式。

道者”还是“禅师”，也无论现在的人们什么时候才真正开始关注它，以及是否把它商业化用来赚钱。

那么，通常所说的教练为什么可以启发人呢？我们来看看其中的道理（如图1-1所示）：

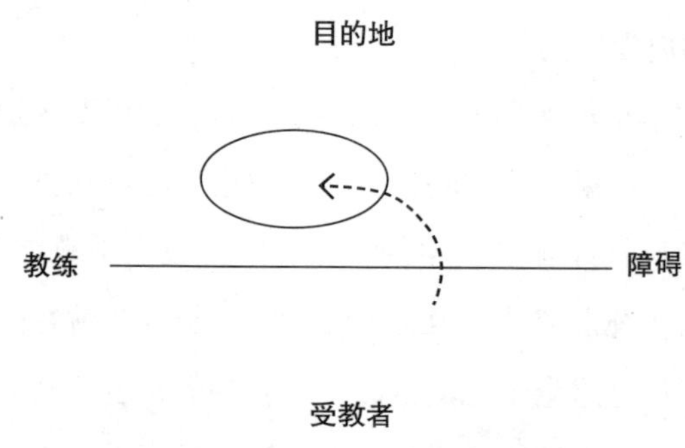

图1-1 教练是帮助人们突破障碍的人

当受教者想要到达目的地而面临障碍的时候，除了体能和必要的智力匮乏的原因之外，更多的情况是心智层面的困境。

为什么说这种障碍往往是心智层面的困境呢？你可以想象一下更为宽泛的情况，从人的训练联想到马戏团受训练的动物。相对我们人类而言，许多动物的心智水平显然差距很大，通常没有谁会和自己家的宠物比较智商吧！那么即便是在各种动物训练的过程当中，有时候简单的强化也不足以达到训练的目的，陪伴和交流往往对于那些更聪明一点的动物会起到更好的激发作用。这些陪伴和交流恰恰是有效的教练因素。也就是说，即便在没有我们人类聪明的动物当中，教练因素对问题解决的有效性就已经清晰地存在了，更不要说在人类社会当中的作用了。

在人与人的心灵陪伴当中，更有价值的往往是激发而非给予，在这些富有价值的时刻，聪明的人类需要的是心智的教练而不是以其他的神力来突破困境。

从创新的角度来说，所谓创新大多是打破原有思维框架而已，并非真的创造出了什么。我们看到的和想到的往往和真相不同，真相有自身的逻辑，而我们的认知只是加工了感知到的现实。所以人们需要保持开放和保有“创新之心”，时刻知道“我们的认知并非真相”这个现实，我们那些凭“想象”而得出的判断也并非那么靠谱。

譬如，不了解摄影的人往往认为摄影就是“拍照”，却不知道其中有许多专业的技术和经验诀窍，他们对摄影的认知被自己的猜测所蒙蔽。而即便是了解了专业摄影技术的人们也可能被专业桎梏，限制了自己的思维看不到摄影作为一种艺术无限的创造空间。实际上，为拍出一张好的照片会有许多个性化的创造，譬如有人为了创造朦胧的效果将丝袜套在镜头上。有时，“土方法”很有效，就是因为那些一贯的专业模式和正规方法以及背后的思维模式存在局限，而创新就在这种看似简单的突破当中发生了。这种创新的突破就是因为打破了思维的框架，才和真相走得更加接近了。

如果你看过斯皮尔伯格的经典之作《夺宝奇兵3：圣战奇兵》，相信你会对这种困境有所体悟：当时电影的男主角正站在万丈深渊的边缘，根据圣谕的指导，他应该迈步向前才对，然而对面明明是即刻可以令他粉身碎骨的悬崖，该怎么办呢?

其实，道路就在眼前，只是道路光滑的表面像迷彩一样隐匿在对面崖壁的纹理之间，让人难以发觉。

这不正是许多“受教者”真实的状态吗？面对似乎难以逾越的挑战，思维中布满了盲点，而内心充满了疑惑、恐惧，当然有时候这种心智的障碍会以另外一种形式出现，如自欺或自负。

教练这个角色你不管怎么去定义它，或者用什么样的称谓来呈现它，不管你把它当作一个专业技术人士，还是把它理解成宗教语言里面的“神圣”，本质上它就是这样的一个角色，为困惑的人们“提供”跨越障碍的视野和勇气，将富有价值的目标变成现实。

换句话说，如果你相信教练的价值，你就会重视思维和心灵的力量，你甚至相信思维和心灵层面的解决之道才是问题真正的解决之道。

如图1–2所示，教练的角色很像是一面镜子（就像我们古人提倡的以师为鉴的道理一样）。

当然，这个看似简单的事情，却并非像一道光学题目的答案那么清晰明了，因为你作为教练，面对的是具有心理特质的人，而非一个物体。你和“受教者”的关系就成了重要的“光的传播介质”。更为复杂一点的情况是：有时候教练自己也未必能看到障碍背后的真相。然而，这并不等于你因此而无法成为教练，或者只能成为一个有瑕疵的教练。有时，外行的你也可以成为内行专家的教练；咿呀学语的孩子或许是你这一生最好的教练；甚至小

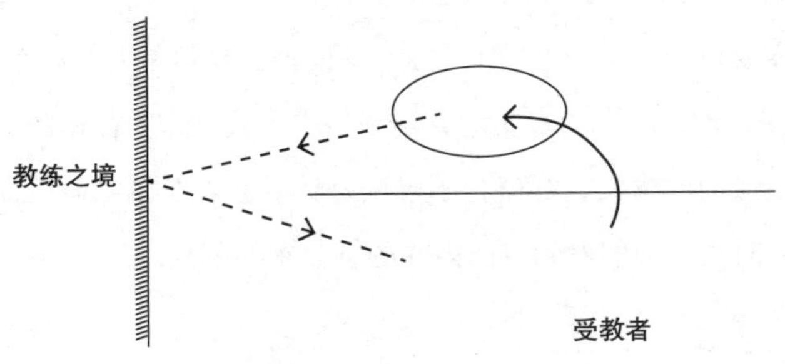

图1–2　教练是心智的镜子

说或电影当中一个虚拟的人物，也有可能成为某人的教练而使其受益良多。

当然，之所以这种教练的效果会产生，必定有其技术的因素以及应用的秘诀，教练的效果并不是无缘无故产生的。

另外，教练的效能也来自于教练这面镜子自身的完善。

“受教者”有时可以通过主动运用教练的帮助而得到“解脱”，这种情况下，虽然“受教者”接受教练的指导，但是我们更应该把“受教者”本人视为教练，而充当了教练角色的人本质上只是教练的“道具”。除了这种“自我教练”的情况，“受教者”还需要一面明亮的镜子才能创造更好的教练效果。像图1–2所描绘的:“受教者”要想看清楚障碍背后的东西，镜子就要足够清晰。这也就是教练为什么要不断修炼自己的原因，经常擦拭保养，拂去心灵的尘埃。

至于“本来无一物，何处惹尘埃”的境界，那是一种“自我教练”的“顿悟”状态：镜子已经不需要了。实相和体悟直接融合，就不需要再拂去镜子上的尘埃了。这面镜子显然是人的认知之镜。

在管理或培训的真实世界剧场当中，教练作为体悟的镜子还有一个层面的含义，那就是不仅仅是让受教者看到障碍后面的景象，同时也让他们看到自己内在的景象（如图1–3所示）。

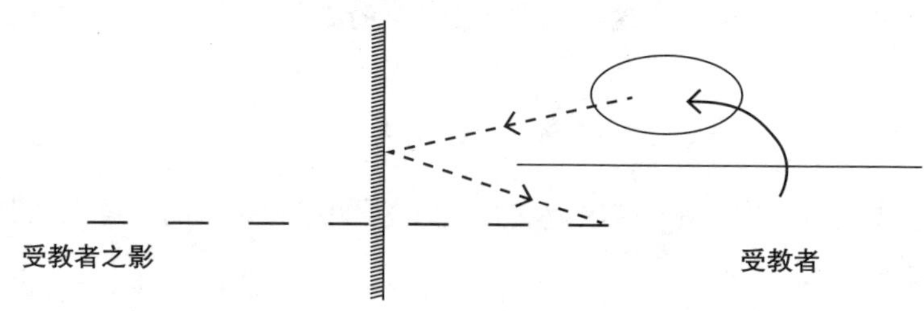

图1–3　通过教练看到自己

教练作为一面镜子，并非只是显现那层障碍，有时还会把受教者的内在障碍投射出来，使他们有机会面对这个“阴影”，之后去理解或融合它。为什么呈现阴影也可能是问题解决的途径呢？一般情况下，问题的结构不是非此即彼的，障碍也未必真的是阻碍之物，而是达到彼岸的凭借。例如，当内心的焦虑并不是因为“阴影”的存在，而是因为对“阴影”的未知，那么问题解决方案就不是越过“阴影”，而是拥抱“阴影”（如图1–4所示）。降服了“心魔”，外在的困境就自然化解了，这样的桥段在魔幻

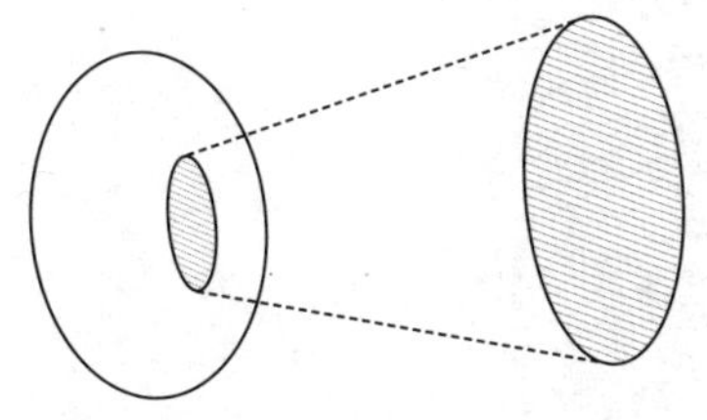

图1–4　教练让阴影得以投射而显现

题材的影视作品中经常出现，虽然有被滥用之嫌，而它所反映的心理主题却是现实存在而非魔幻的。

让我们来总结一下，教练的“五重境界”，在文字上很巧合的是，或许也可以叫作“镜界”。

第一重境界，提供一面镜子，让受教者看到障碍后的真相。

第二重境界，擦亮这面镜子，让受教者可以更好地看到突破的路径。

第三重境界，让受教者看到自我，整合自我，突破困境。

第四重境界，自我教练，让外部教练成为手中的镜子与伙伴。

第五重境界，顿悟，丢掉镜子，回归真相。

因此，教练是个值得研究的话题，这当中不仅仅是一些被固化了的方法，更为核心的是方法背后的体悟，甚至是对这种体悟的观察和反思。

第 2 章

领导力和教练的体悟

如果两个人一同发现了宝藏，教练更倾向于告诉别人哪里有宝藏，而领导者则是带人来拿。

可以说，虽然都进入了心灵的层面，教练却在乎“心”，而领导则在乎“行”。

有一次，一家拥有自主版权领导力课程的机构创始人在和几位培训师分享自己的领导力心得。这位机构创始人，多年前从一家全球500强企业的管理岗位上“下海”做培训，几位合伙人努力开发出了几个颇为成功的商业课程。在培训行业普遍还处于“卖讲师”的市场环境中，这位培训行业的创业者对自家的课程充满了自豪感。

在聊到自己对领导力的心得时，这位资深教练说道，自己阅读了所有主流的领导力的书籍，并列举了几本冠名“某某领导力”的大师之作。他或许想以此来表明自家领导力课程的广阔视野。许多人在知识交流时会有类似的行为，这种标榜知识的冲动在人性当中真实存在却值得反思：就领导力而言，难道“领导力”或者“领导力教练”就真的来自于那些被冠以领导力的书籍或研究吗？

有些书籍无疑可以为教练提供养分和能量，然而这并不是书籍本身带来的，而是书籍激发了教练的心智，这种能量恰恰是书籍之外的，是教练感知到了固化的知识之外的东西。领导力从来不是被“知道”的一种东西，而是一种深刻的体悟。这种“深刻”并非是指“强烈”“沉重”或者类似的状态，而是一种“超脱”“归属感”，可以说是一种信仰层面的理解；是“由信立解”，却又是自身内在层面的相信，并非来自于其他高论或神化的存在。

实质上，描述本身就是局限的，只能学老子说一句“道可道，非恒道”。

如果领导者没有进入“信解”的状态，修习再多的领导力也无非给自己换了一个体面的心智“鱼缸”，心灵没有释放，在行为层面也难以有真正的突破。

而领导力理论的研究就显得乐于做表面文章了。从“特质理论”到“行为领导力”研究，再细化到“情景领导力”，之后才触及和心灵有些许关系的所谓“路径—目标理论”①，却总还是在外围徘徊打转，最终难以明了本质的、那个被叫作领导力的东西正是“领导者自己心灵的探索”。如果说得再直白一点，一个珍爱生命的人如果没有触碰过生死（至少是心理层面）往往难以看透许多被称作浮华的东西，一个没有经历过多大得失的人也很难从利益的纠葛中解脱出来去影响他人。如果心灵的牢笼没有被打破，即便学习了再多领导力的技术和理论也只可能成为“领导力专家”，而不是领导者！

有些关于领导力的案例研究也能总结出一些有效的领导者行为，甚至也能分析出这种行为背后的心理因素。而这些行为本身往往是“涌现”②出来的，并不是领导者刻意为之的套路，虽然也

① “路径—目标理论（Path-Goal Theory）”是领导力理论发展至今的一种主要理论。关注对下属目标的发现与设置以及通过指导与支持达成目标。与之前更关注特质、行为和情景的理论相比，“路径—目标理论”以关注下属为中心，也更关注下属的内在状态。

② 系统理论认为“涌现”是系统的属性之一。

有总结这种套路的被认为是富有领导力的有心人，但这种总结只是“涌现”之后的回顾，却难以实现“拷贝不走样”的效果！

例如，杜月笙这名中国近现代史上有意思的人物，你可以说他没有读过什么领导力专著，你却很难说他缺乏领导力。一名军界大员曾经向他讨教领导力之道，这位杜先生把自己的套路告诉了这位求教者。常常“闲话一句”的杜先生提到，自己会经常打听出哪个属下家里有困难，然后“私下里亲自把钱送到属下的手里”。

有了这次交流之后，某日两人相见又谈起领导技术的话题，军界大员总觉得自己的火候还有所欠缺。杜先生发现了问题之所在：自己是亲自把现钞送给有困难的下属，而这位军界大员是用支票来接济自己的部下。行为上虽然差别不大，而领导力的效果却存在很大的不同！即便好学的大员掌握了“用现金亲自接济下属”的诀窍，依照套路去做，之后的领导作为也难免又会出现其他的瑕疵甚至变形。

这是学习“领导力知识和技巧”的必然困境，因为领导者面对的是复杂变化的环境。

因此，再多的有关领导力的经典书籍也没办法完成一个人的领导力的提升（这并不是说书籍无用，书籍或可开启领导力之旅，却无法完成），缺乏体悟的状态，领导力是无法因为装帧精美的纸张或者某种形式的文字而生成的。况且，领导力并非玄之又玄的东西。对于普通人而言，成长当中的一个感悟很可能就意味着领导力的提升（如果这种突破有必要叫作领导力的话）。

而这其中的难度就在于：心灵像一条鱼，往往躲在水的深处，需要有足够的运气或能量才能触及。

那么，在一场培训或各种形式的教练当中，领导力的提升前提必定是“进入水面以下，看到水下的情景”。但这并非要教练深潜到“水下”，而是说“被教练者”必定要让自己潜入“水下”，看到“水下”的景象。对于这种深潜的过程而言，理论的部分往往起不到多少实质性作用。理论至多是“潜水镜”的作用，通常能让深潜者看得清楚一些。“是否进入了心灵层面”也可以是一个鉴别“领导力培训”作为一类课程而言，是否具有真实价值的基本判断。之所以说是基本判断，就是因为这往往是一场商业领导力教练的必要条件，虽然做到这一点也并不意味着成功，却是站在了正确的跑道上等待着比赛的开始。

进入到心灵这个层面就知道领导和教练的融合了（如图2–1所示）。教练和领导者都应当触及心灵，而教练更倾向于传播，领导者则更在乎行动。如果两个人一同发现了宝藏，教练更倾向于告诉别人哪里有宝藏，而领导者则是带人来拿。

或许可以说，虽然都进入了心灵的层面，教练却在乎“心”，而领导则在乎“行”。

教练的真相和领导的真相在心灵层面如此接近，这也正是教练的价值所在。

教练当中如果没有真实的领导力，那么教练就走向了表演。商业课程的投入价值就体现在：这个课程本身就是领导力发挥的过程（学员被领导力激发），而并非只是学习了领导力再由学员发挥某种领导力。管理者在管理中运用教练也就是在发挥领导力，而并非运用教练的这种技术发挥了别的什么领导力。教练和领导的这种接近与融合不管是作为商业课程的投入价值，还是作为管理手段的管理价值，都是有条件的，那就是只有在心灵触及深层的抽象世界的时候才真实存在。只活在具象世界当中的心智是难以理解这种接近与融合的。

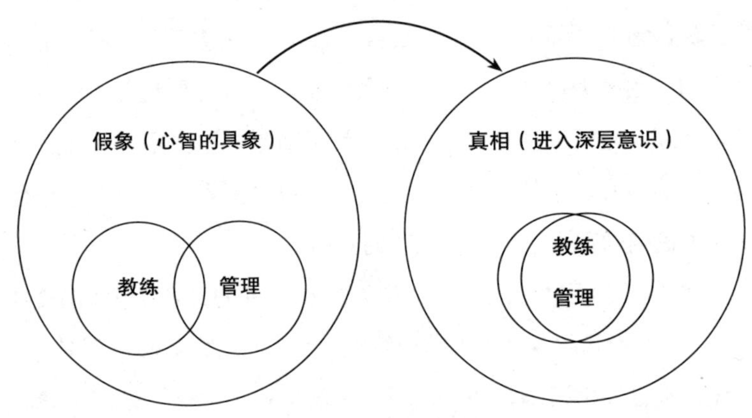

图2-1　在深层意识当中，教练和管理是相互融合的

从本质上来说，真正的教练场景就是生活，就是世界本身。整个人类的体悟都是来自于过往的世界场景，进化而来的人性正是这个世界对人的“教练”和“领导”。所以，领导力本身就是“自然之道”的模拟，正如培训当中有价值的游戏和场景演练往往模拟了真实的管理。

那么，真正的领导力培养为什么要局限于课程或者固化了的知识呢？！

原来就有的生活就是原汁原味的领导力培训素材。领导力培训只是一款特定款式的帽子，并不足以搭配所有的服装。对于领导力培训的从业者而言，是因为自己深陷困境才会把领导力和教练局限在培训的语境当中，而与真相渐行渐远。其实，有见地的培训开发者已经跳出了这种困境，领导力的教练，往往以那种生活中富有管理原型的体验式活动来达成心智的突破，而不再拘泥于“一个课程的样子”，或是某些时髦的“教练技术”。

教练和领导者在真相的世界中是同一个人的两张面孔，他们共享着同一颗富有能量的心灵。不管你是一名职业教练，还是一名领导者，都不要被外在的知识和管理工具所迷惑！

第3章

从“知识”到“体悟”

那些重要的“知识”往往不是能够去观察的，而是需要你投入其中去感知的。“体悟式”的必要性一方面来自于管理问题的复杂性，另一方面来自于人的认知对情景的依赖。

女儿在上小学一二年级时，会和我讲学校里有的小朋友的“调皮”趣事。我问她老师对这些事情的处理方法以及如何“定性”，小学生们往往对老师的“定性”深信不疑。虽然老师们的判断富有儿童教育的经验，不过有些教育孩子们的做法却难以令人信服。如果我试图“教练”女儿改变思维方法，让她知道看待问题其实可以有更多的开放性，一番“教练”下来，通常是既费了力气又徒劳无功。这时，做教练的人必定会感到很无奈！

如果去评论一件发生在学校的事情，一名低年级的小学生给出的答案往往是非对即错的，这才正常。这是人的思维发展的阶段决定的，幼小的心智还难以理解复杂的问题。而对于成年人来讲，他们的思维模式也未必真正“长大”，往往还停留在这种简单判断的阶段。而这种简单化思维的倾向，根本上源自人类进化当中形成的一些思维特质①，也有具有逻辑分析氛围的学校教育模式的影响。然而，无论我们在一个教育体系当中被怎样地“修理”过，也不管我们的心智模式到底是成熟还是幼稚，许多看似简单

① 例如，思维“易得性”或“比较性”的特质。“易得性”指的是人们的思维更倾向于关注并相信那些简易、熟悉的信息，而“比较性”指人们倾向于在有可比性的情况下做出选择。

的问题却并不是非此即彼那么简单的。例如，你把车停在了一条偏僻的路上，吃完饭回来发现被警察贴了罚单。那么，警察的这个执法行为“对”还是“不对”呢？在培训当中问这个问题，学员往往会给出各种“盖上了独家出品印章”的答案。从普遍的意义上讲，这其中必定有“对的因素”也有“不对的因素”，非对即错的判断很难有说服力。类似的例子俯拾皆是，信手翻一下五花八门的“微博”评论就知道了！虽然有许多人活在简单的对错世界当中，并乐于从表达简单对错当中找到快感，然而，事实往往并不是那么简单。有时候，我们可以在网络话题“互喷”的过程当中找到更多的细节和真相，这个真相往往也是复杂的，对中有错，错中有对，有人心向背也有制度法理，有典型情景也有个案机缘。

简单的事情尚且“不简单”，更不要说复杂的管理情景当中的问题了。

不要说做出判断，甚至许多复杂的问题都无法用语言描述清楚。例如，管理是什么？管理的定义固然有成千上万个，然而“管理是什么”却不是能够被简单描述的。乃至于教练这个话题，虽然我们也在用文字描述其中的一些要素，更真实而鲜活的内容却需要行为当中的人们在自己内心生发出富有感知的东西之后才能心领神会。而这种富有感知的状态人们偏偏用了“理解”这个词来描述，看起来人们倾向于用追求道理的姿态来表达感知其妙意的内在状态。

按照詹姆士·布莱恩·奎恩（James Brian Quinn）等人在《创新爆炸》一书中的描述，企业知识被概括成了五个层次：

1. 认识性知识（know what）；

2. 高级技能，即诀窍（know how）；

3. 系统理解能力（know why）；

4. 有目标的创造力（care why）；

5. 综合能力和经过训练得到的直觉力（perceive how and why）。

“知识”的这个真相一旦披上了“管理”和“商业”的外衣，许多人就开始迷惑了。这种迷惑往往和经验以及智力水平没有多大关联，更多的是来自幼年时根深蒂固的“二元对立”的思维方式的训练，以至于在信息发达的今天，许多培训行业的“智慧人士”也一样过着在“知识端”躁狂，在“心灵端”干涩的矛盾生活。

在一次培训行业的读书分享沙龙上，一名来自某知名互联网企业的培训经理作为主讲嘉宾，在分享他的关于阅读管理类书籍的想法时，听众中不乏有频频点头者。什么样的观点能让这些听众如此投入其中呢？细听之下，这位培训经理的观点是，读书要分析书的逻辑结构。他的一句口号是，读书就是要去“解剖”这本书。正是这个彻底贯彻牛顿体系思维的观点吸引了大家的眼球。这个观点并不错，然而学习的局限性却是明显的：把自己置之书外，你“解剖”了再多的书，也难以成为你体内的营养吧！有太多的经理人和培训师们活在“二元对立的世界”中，用非此即彼的眼光来看待身边的世界。这当然和他们身处的教育以及管理的现状有莫大的关联，也或许因此对分析坚定不移以至达到“信仰”的层面。然而，他们也可能恰恰是这个现状的“受害者”。作为企业的管理者，妄图用分析来运营好一家企业是不切实际的，相当于放弃了自己“右脑”的使用权。而作为培训师，尤其是冠以教练之名的培训师而言，把自己置身度外，怎么可能感受到真相并带动学员去探索真相呢?

看似纯粹的分析本身就“遗漏”了自己以及自己和分析对象的关系。

这种“二元分离”的状态并不仅仅来自于培训师对“知识”的理解，也来自于整个行业的发展现状。

在最近的一次招聘当中，我还听到了一名培训顾问对自己曾经的培训师同事的描述。在她的描述当中，有些培训师对课程“满意度”的提升更多地来自于对培训道具和奖品的投入。让奖品和好玩的培训道具在培训中飞舞，可以增加这些培训师的信心和面对学员的安全感。一方面，培训师自己的“二元分离”让知识变得浅层而充满伪装，似乎套路才是制胜的法宝；另一方面，学习者以及学习管理者们关注满意度高低的“二元分离”状态，也让有这样倾向的培训师陷入慌乱之中。

企业培训管理者对培训知识层次的理解也会直接影响教练的效果。

我曾经给一家企业做过一次领导力发展培训，这是一个典型的教练式培训课程。客户的培训经理是一位认真而勤奋的经理人，对这次培训也做了“充分的准备”：培训开始的时候，除了四个小组的学员以外，在培训教室的后排一字排开地端坐了七八位培训经理的下属。他们架好了三脚架，上面的录像机亮起了红色的录像指示灯，一早就已经进入了工作状态。这个培训有版权方面的要求，也并未授权课程中的录像。培训机构的顾问多次和客户沟通录像的问题，“好学而富有智慧”的培训经理虽然每次都客气地答应停止录像，却还是偷偷地按下了录制键，以至于培训机构的顾问也只能摇头作罢……

培训经理的“好学”还不仅限于此，课程休息的间歇，在后排经过培训经理面授机宜之后，几名下属拿着笔记本，依次来到我面前，开始跟我讨论这个课程的开发逻辑、内容要点以及培训技巧。其中一位开门见山地问我在授课中是否用到了“建构主义”之类的话题……

最终，这个严阵以待的高执行力团队以及他们的领导恐怕都是失望的，以这样的分析者状态观察教练的场景是难以进入真实的教练场景的，教练的价值和观察者也是绝缘的。这就像在讨论某个迷人的旅程，想要成为攻略达人需要开启一场真正的旅行才行，教练的心智旅行更是需要悉心投入才能看到美妙的风景。

随着对培训有效性的理解的不断加深，我想这位培训经理会明白当年要找的东西用这类观察记录方法是难以得到的。那并非只是课程商业版权的限制问题，核心的问题是：就像《西游记》里面所描写的，孙悟空在镇元大仙的后院第一次打丢了一枚人参果一样，用“打枣”的方法是采不到人参果的。用记录知识或解剖课程的方式而不是以心智潜入其中，再富有体悟机会的教练课程也只能被观察者的心智分割得支离破碎，而失去其核心的价值。作为培训项目的管理者，这位培训经理的行为投射了一种培训管理中的普遍现象，那就是想要用简单的方法传递和控制领导力学习的核心——体悟。

实际上，这种现象也并非培训管理者的职业病，而是所有管理者的通病。

无论培训行业的现状如何，负有使命的教练都不仅仅是把知识传递给你的学员的“快递员”，也不是被“满意度”给贴了符咒，使出浑身解数要去“搞定学员”的培训师。在超越知识的“是非”，达成心智顿悟的更高层面上和学员互动才是一种必然的选择。这并非教练个人风格层面的话题，而是由于管理的真相并不是只有黑白两色，还有灰色，也有五彩色。其中，也不仅有“科学”，还有“艺术”。

在体悟这个问题上，看看王阳明的说法，或许会有所启发：“诸公在此，务要立个必为圣人之心，时时刻刻须是一棒一条痕，一掴一掌血，方能听吾说话句句得力。”如此看来，“听懂”并不是一件容易的事情，要听懂“王一哥”的“良知”是要“付出皮肉之苦”的代价的。这句话我们在几百年以后听到还是能有穿越时空的体验产生。

从学员学习的角度而言，产生体验的确是一种令人印象深刻的认知方式，一组由 IBM 等机构开展研究的数据也颇具说服力。

研究表明，人们对待教授的内容因方式不同有着明显不同的学习效果，随着时间的推移，这种效果的差异会变得更加显著（如表3–1所示）。

虽然这些数据只是反映了不同的管理沟通方式在不同时间之后下属记忆的情况，其中“悟”的成分我们难以知晓，却也足以说明体验给人带来的影响是深刻而长远的，而语言层面的沟通给人带来的影响长期来看是非常有限的。如果你愿意的话，还可以

表3-1[①] 不同教授方式及学习时间对学习效果的影响

	被告知	被告知及示范	被告知、示范以及体验
三星期后回忆	70%	72%	85%
三个月后回忆	10%	32%	65%

找到许多心理学有关体验对人产生深刻影响的知识和案例。

我们甚至可以从分子生物学的研究中看到"悟性"与环境互动的关系，从而更加了解环境（在管理上叫作情景）的重要性。[②]

环境对人的影响深刻而必然，人在情景当中的体悟也同样直指人心。

人类学家维克多·特纳（Victor Turner）在所著《戏剧、场景及隐喻》当中举了美国黑人运动领袖马尔科姆（Malcolm X）的例子来说明场景对人的影响：这位充满种族仇恨的人在朝圣的过程

① 约翰·惠特默. 高绩效教练［M］. 林菲，徐中，译. 北京：机械工业出版社，2013.

② 在分子生物学对基因的研究当中，研究者曾经以为DNA上面的碱基序列决定了蛋白质的合成，从而决定着生物的性状。然而，事实却并非如此。DNA上面的95%的基因后来被发现是"不参与"蛋白质合成的，那么这95%多余的DNA到底是干什么用的呢？后继研究发现这些碱基序列是合成蛋白质的重要指令集。这其中才真正包含着人们的生命信息，而这些生命信息一方面由历代积累而来，另一方面也通过环境对生物产生影响，通过体液和细胞液进而影响到这个生命的"数据库"。简单直白的理解就是：环境对生命信息保持着"高度灵敏"的影响力。

中改变了自己“根深蒂固”的思维模式。马尔科姆在自传中提到自己和信徒们在一起11天的生活，对这个改变起到了至关重要的作用。维克多·特纳还引用《出埃及记》的记载，历史上每一名犹太男子每年都必须前往神庙朝圣三次。实际上，在中外历史上以社会场景改变人心的情况普遍存在，在场景当中促动人心的嬗变也是必需的。

回到培训这个具体场景来讲，在促成领导力成长的过程当中，一方面，体悟的方法是必要的；而另一方面，并不是运用了体悟的方法，培训的价值就必定能得到提升。只运用形式而没有领会内核必定是一种漫无目的的做法，也经常会把学习指向“娱乐”而非心智的突破。追求体悟的形式正如生硬套用管理游戏的做法，不但效用甚微，还令人迷惑。其要点在于，体悟所关注的部分往往是管理活动自身结构中的要素以及发挥领导力的核心要素，这当然需要形式和方法上的设计，就像一些经典的管理游戏（或者管理场景演练）能够准确地呈现出管理活动的某些“原型”。另外，不管运用了何种形式和方法，进入心灵的深处才能到达管理体悟的能量发源地。“体悟式教练”所运用的方式方法和管理提升的内核是紧密联系在一起的。你在教练情景中体悟到的恰恰就是管理情景中体悟到的要点，这两者在“道”的层面是一样的内容。

正如卡尔·荣格所言，“创造力的秘密就像意志的自由一样，是一个心理学家只能描述却无法回答的先验的问题”。有过艺术创造性经验和管理心智突破经验的人很容易理解荣格的这种说法。当人进入深度的创造性思维（实质是体悟）的状态，会有一种个体之外的力量出现，在创作的关键阶段发生“如有神助”般的作用。当我在数年前写作一部管理小说时，有两个月左右的时间是处于一种“恍惚”的精神状态中的。无论是在清醒状态下还是在睡眠时，我都有一种“停不下来”的感受。正是在这种感受之下，完全没有写作经验的我能够把零落的思维融合成一本还算完整的作品，这得益于我在写作的过程中体会到了许多不期而遇的灵感。这种难以言说的创造性的东西也是管理当中不可替代的部分，甚至是其精髓所在。对于管理者而言，这也是领导力成长的核心。从这个意义上讲，奥托·夏莫（C.Otto Scharmer）的“U型理论”就是在研究一种能达到这种深度创造性心理状态的结构性方法。“自然流现”[①]除了叫法比较新颖和贴切之外，实质上就是荣格所说的“集体无意识”[②]中的能量体现。“U型理论”的方法如果以肯·威尔伯（Ken Wilber）[③]的语言来描述，就是一种“下及万有”和“上溯空性”的管理应用。

它区别于一些培训师和培训机构用体悟的外衣和技术裹了死的知识，却加上了课程商业品牌靓丽的渲染。这样浮于表层的做法即便可以拿到一个不错的“满意度”，在行业发展的震荡阶段也足以让一些浮在表面的培训经理“交差”，却也是一种低价值的培训行为，无疑是企业投入的失败，也是有责任心的培训管理者不愿意去妥协的。

---

① 自然流现：奥托·夏莫把“自然流现”描述成一个深层次的学习状态，“已经达到了‘再生’，并且进入了一个完全不同的‘时间流’。”

② 集体无意识：是荣格所说的超个体意识。

③ 肯·威尔伯：超个体心理学家，在西方被誉为意识研究领域的“爱因斯坦”。

第4章

“无名”与“有名”

当你捍卫“自己的方法”的时候，很可能已经远离了真相。教练面对着无限的人心就有无限的方法。

许多教练课程的开发者为了商业利益制造了概念上的人为割裂和分离。虽然都有一个个“专业”的名字，实际上许多“教练”“促动”“行动学习”的理论和方法并没有体现出其独特的价值，往往只是刻意突显了局部的重要性以追求更好的商业回报而已。这并不是说这种技术的发展没有价值，这种操作性的价值是显而易见的。然而，这种突显局部价值而掩盖本质的商业化包装对于盲从者而言，无异于面对各种掺入了食品添加剂的休闲食品，往往会令人迷恋某种技术或是某个“流派”的“风味”，而丢失了教练“为心智提供营养”的内核。

到底哪个流派更胜一筹呢？这个问题不是没有答案，而是不应该有答案。

教练的使命和表演者不同。对于表演艺术家而言，你应该根据自己的审美倾向和自身条件发展出具有自己艺术风格的流派。而教练本人虽然也必定有其教练风格，却很难说应当归类于某种技术流派；这些技术流派在不同的情景中启人心智的价值是有交叉和互补的。从教练者的使命而言，他们虽然有自己的风格，却必定不属于任何一个流派。

例如，有些人对“行动学习”迷恋至深，把有效的东西夸大为神奇，认为“行动学习”兼容并包了人类社会多个学科的理论，是解决问题的灵丹妙药；甚至认为“技术运用得当的话，所有问题都可以得到有效解决”。这可能是执此见解者对“问题解决”的定义不同，才敢于夸下这般海口。而实际上，讨论“药效如何”还不是问题的关键，要点在于“行动学习”正如其名称所表明的，是在真实的情景当中，在实践中学习，其发展的核心还是“人”的要素，而不仅仅是眼睛死盯着所谓的“问题解决”。

就“行动学习”而言，其核心的要素设置已经创造了教练的有效情景和时机，其有效性部分来自于对问题的选择而非解决问题的能力。选择问题的过程就是一个“设置”学员投入问题的过程，例如“行动学习”倾向于选择具有“压迫性”的问题来开展学习。“压迫性”的问题是促成人的心智突破的重要资源，心智突破后再看原来复杂而具有挑战的问题，其神奇效果正如心理魔术给“现场观众”带来的惊喜。魔术虽然精彩，但问题的本质还在于发展人的心智，而不在于以愉悦大众来赚取门票钱。

人们以朴实的常识思维就可以体会到问题的解决是需要“机缘”的，问题并不是在所有的条件下都能得到有效“解决”，回避真相而去夸大“疗效”，任何教练都将失去其真正的价值和信赖关系。

就像许多情况下的夸大和吹嘘一样，夸大者的心智局限是问题的根本。用观察现象的眼睛去看“体悟的价值”，即便是认可，这种价值也容易忽略事情的系统真相而偏执于方法、结果这样的外在因素。在这种情况下，夸大往往和肤浅画上了等号。

因此，用诸多概念把教练的价值打碎的，并非包括“行动学习”在内的一些教练方法或理论，而是应用这些方法和理论的教练从业者、研究者的思维和心态。无法坦诚地忠于真相，就会制造出纷繁的概念和假象。任何有效的技术或理论，都会因解读者关注眼前利益还是关注长期价值而长出两副不同的面目。就像对“行动学习”的理解，同样有人认为其核心是发展人而并非执着于“解决问题”，提升组织当年的绩效。

这就像在“精益管理”的体系当中“尊重员工”和“持续改善”的两根支柱一样，人的发展和行为的修炼永远是组织和社会成功的“原型”。人是富有灵性的存在，而行为是这个灵性和世界的连接方式，除此之外，空无一物。而那些秉持短期的、非系统思维的企业决策层即便是热心学习“精益管理”，却往往无法接受“计时工资”和“带薪培训”的做法。

一些经典的教练结构化方法甚至没有太多新意。我们或许将其当作登堂入室的“方便法门”更为合适。理解方法之后，把方法化为效能是其价值所在，而不是以方法之名制造出纷繁复杂的“教练产品”。教练的 GROW 模型，其实就是一个朴素的教练“原型”。从古至今，一个富有启发性的“教练谈话”大都会涉及这四个方面（GROW），因为这就是人们思维的真实情况：未来（Goal）；当下，包含了过去（Reality）；从当下到未来的路径（Options）；达成目标的机会与行动（Wrap-up）。

GROW 模型因其简单明了、贴近“原型”而被大家所熟悉。实际上，管理中的其他模型也必定包含了类似的“原型”与其互通互联。如果你分析一下 PDCA 模型的步骤，会发现它和 GROW 模型接近的影子。可以说，PDCA 是一个动态的嵌套式的 GROW 模型，例如在 P 的部分，就包含了找出问题、分析原因、确定主因和制订措施这四个步骤，这就是一个"迷你版的GROW模型"；而之后的执行计划、检查、"固化改善成果和厘清后续改善问题"这三大步骤就是一个"富有细节的行动"，那么整个PDCA模型就是这样的一个升级版的GROW模型。当然，我们并无必要刻意地把PDCA模型和GORW模型拉上"亲戚"关系，这样的比较只是让我们看到管理中的模型在"原型"层面的关联。毕竟人们都习惯于用自己熟悉的语言来表达思想，而人们在彼此理解之后会发现他们要说的话都是相同的。

作为教练而言，体悟的要点首先在于从纷繁的"名相"中解脱出来，进入对管理原型的体会才更为重要。如果一名管理者头脑中充满了管理的工具、方法和模型，那么他可能更适合做一名"商业知识工作者"，而非一名真正的领导者；这对于教练而言同样适用：一个沉迷于方法模型的教练只是一个"活动的教练书柜"，而非真正的教练。与其沉迷于那些包装过的商业教练方法，我们还不如多去关注那些早已静静伫立着的"素颜"的教练智慧。

如果回归到对管理原型的探索，而不仅仅是迷恋于"名相"和结构化、套路化的技术模型，就很容易发现，教练的宝藏不仅仅来自于西方。例如，有的教练从王阳明的心学中找到了养分，关注"人心"的促动风格虽然没有西方具体的技术来得便利，却同样可以给学员甚至更容易给教练本人以直指人心的启发。

追逐不断分离细化的方法的做法，其价值在于让教练多了一丝丝与受教者的连接机会，而不要让它们成为禁锢教练心灵的虫茧。

第 5 章

教练与系统理论

缺乏系统性的思维必定不是教练思维，就像视力不佳的人难以成为优秀的飞行员一样。

“教练”一旦有了足够多的商业价值，就像一只被各种小道消息吹捧的股票一样，很快会成为关注心智发展的人们追逐的对象。尤其在技术经济模式交迭的商业环境当中，泛滥的信息和重叠的变化已经让迷茫成为人们心智的常态，而心智的锻炼和保养还没有像其他服务或医疗行业一样成熟。正因为教练行业是处于成长阶段的行业，作为一名教练似乎有着更好的职业前景（也或许教练行业永远都不会成为一个真正的行业，但这并不影响教练的收入和成就感）。然而，对于许多自身还处于迷茫中或“心智青春期”的教练而言，给学员和客户能够提供的除了一张教练的外皮，至多是一面模糊、变形的“镜子”，其价值是难以信赖的。教练难以成为一个显著行业的另一个原因是，心智教练并不像健身教练那样可以通过展示肌肉来赢得受教者的信赖。

在这样的行业发展阶段，正因为有种种的行业“潜台词”，学习教练的人往往热衷于教练的技术与各种认证，这似乎可以证明他们的心智是“肌肉发达”的。基于这样的动机，教练的学习者们容易把自己的精力投入幻想中的肌肉训练，而忽略了教练核心素养的提升。在这些并未打上注册商标印记的核心教练素养中，系统思维的能力和习惯是基础而必要的修炼，却又是普遍匮乏的一个。从某种意义上来说，系统思维就是教练的一只眼睛，通过这只眼睛你可以看到教练的本质，也能够发现充分发挥教练价值的机会。修炼这个眼力远比幻想心智肌肉要有用得多!

那么，系统思维和许多人惯有的思维模式有什么区别呢?

系统思维“看到”的是要素之间的多重因果关系，而非直白且理想化的“A 到 B，A 就是因，B 就是果”。本质上来讲，这个时代人们惯常的思维模式是和人的认知能力进化有关的，虽然世界的真相可能并不是 A 到 B 的因果关系这么简单，而是还有更大范围内的相关性（例如，从 A 到 C，再到 B），以及更复杂的相关性（A 到 B，同时 B 也到 A），还有动态的变化等特征（例如，时而 A 到 B，时而 B 到 A）。而人类现阶段大脑支持的认知与沟通能力却更适合描述那个简单的 A 到 B，也还只是一幅静态的图像。这也是语言局限性的体现。

人类的沟通能力所“适合传递的内容”却并不一定是世界的真相。相对而言，系统思维所运用的表达模式更接近于世界的真相。这就给教练们提供了一个难得的进化机会，让他们能快速地长出可以看到不同世界的“第三只眼”。实际上，系统思维对优秀的教练而言是一个天生具备的“器官”，而不是后天购买的“外挂”。而这个天生具备的“器官”却需要锻炼才能被激活，从而发挥其强大的功能。

按照贾姆希德·格哈拉杰达基（Jamshid Gharajedaghi）① 对系统原理的描述，系统具有“开放性、目的性、多维度、突显性和反直觉行为”这五个方面的特质。如果我们依此去看教练和系统

① 贾姆希德·格哈拉杰达基. 系统思维：复杂商业系统的设计之道［M］. 王彪，姚瑶，刘宇峰，译. 北京：机械工业出版社，2014.

的关联，那么真正的教练也完全具备这五个方面的核心特征。

开放性方面，按照贾姆希德·格哈拉杰达基的一种描述是：一个有生命力的（开放的）系统的行为，只有在其语境中才能被理解。如果以此来看培训行业的某些管理行为，恰恰是舍本逐末。

不少心有恐惧的培训经理在选择讲师的时候，会提出要“试听”或“看培训视频”。虽然在局限的条件下，培训经理做出这样的判断也可以理解为“无奈之举”。然而，这却是一种把具有开放性的教练当作“讲课”的破坏性行为。这也正是许多平面设计师认为自己和“美工”是有本质差别的，而主持人认为自己和“报幕员”有本质差别，是一样的道理。无论是教练、设计师还是主持人，不关乎他们被如何称谓，他们所做的事情中，“活的部分”才是灵魂所在。而一部分培训经理，在没有从经理人成长为彼得·德鲁克（Peter F. Drucker）的“管理者”① 的时候，是很难体悟到其中的差别的，因为这其中的差别恰恰是眼睛看不到的，而人们却又十分坚信自己的“视力水平”。

当然，实际的情况往往是：培训管理者所处的组织管理体系缺乏系统性才是问题的症结所在。你很难期望一个短视的企业管理文化中有多少系统思维的容身之地。因此，我们看到的企业组织中的培训管理的情况往往也投射了它所在的“管理语境”。不仅培训管理者如此，其他的管理模块也同样遍布这种与系统性相悖的思维。

② 德鲁克所说的“管理者”是和“助理”相对而言的，也不同于拥有管理岗位的经理人的概念。德鲁克强调的是：管理者是创造者，而非“搬制度砖头”的单一执行者。

教练的开放性还体现在它是一种非控制的行为。对于真正的教练而言，无论所培训的课程多么驾轻就熟，面对的学员是多么熟悉，他的每一次教练仍然是一次新的创造，就像你每次去同一个喜爱的景点，却体验着不同的季节、天气，会遇到不同的游人以及品尝到不同的风味，感受到不同的心境。一个成熟的商业课程固然有其框架，而作为在这个地盘上“生活”的教练而言，所发挥的影响力却每次都并不相同，想要控制每次的教练过程只能让教练演变为某种演员的身份。这样讲，对于“走心”的演员也是极其不公平的，因为对他们而言，即便手里拿着固定的台词，体悟到表演生命力的演员也能感受到富有创造力的开放空间。无论在职业上人们被叫作教练还是演员，会放手的才能够成为真正的创造者。

正如老子所说：“天之道，不争而善胜，不言而善应，不召而自来，坦然而善谋。天网恢恢，疏而不失。”系统的控制往往在于“失控”和“自组织”，无为而有无。聪明的控制和智慧的“无为”有着本质的差异，这个差异就在于哪个和真相更为接近，更为自然而然。

如果教练是一个开放性的系统的话，教练行为核心的动力来自于哪里呢？教练行为的确是开放的，却又是有明确的指向的，这个指向的背后就是教练主题的价值观（灵魂），从更为广泛的意义上来讲，也是教练本人认可的价值观。教练与主题（或课程）的融合即在于对这个价值观产生的共鸣（如图5-1所示）。一个与主题不一致的教练可以成为一个好的表演者，却无法成为真正的教练。

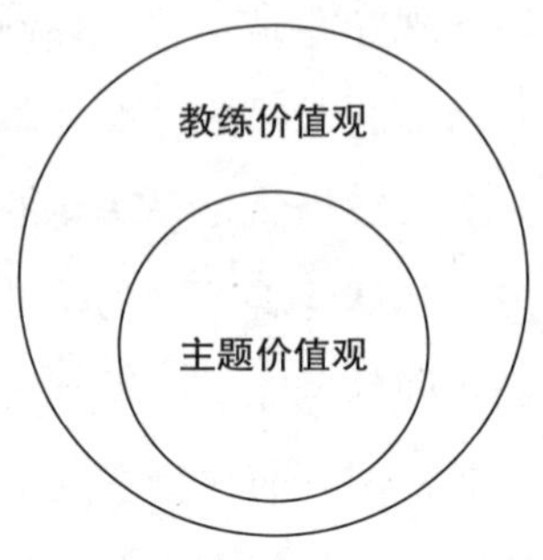

图5-1 有效的教练中，教练价值观与主题价值观是一致的

价值观在教练的“系统”（例如一次领导力教练的课程）之中，往往具有“玉宇澄清万里埃”的实际作用，而非说教。这其实就是一个商业培训应当具有的核心目标，虽然这个目标在现实的培训中往往被表层的满意度评估所取代。满意度更适合对娱乐项目的评价（如果娱乐项目需要评价的话），对关注长期和系统价值的培训项目而言，满意度评估并非像柯氏模型①所描述的那样是多层评估的基础，也并非像许多培训经理实际关注的那样，把满意度评估当作最终的评价目标。柯氏模型或许有用，而有用并不能说明它正确。有时候一个错误的模型也能有其功用，就像科学发展史中许多被证伪的理论是一样的。关注绩效的目标更应该当成是一种培训或教练的“反馈性目标”，而不是直接的目标。

① 柯氏模型是一种在培训评估中普遍应用的培训效果评估方法。它把培训效果分为四个层次：第一层关注现场满意度；第二层关注知识的改变；第三层关注行为的改变；第四层关注商业绩效的改变。

这个逻辑很简单却被人们以所谓“绩效教练”的诱人主题无数次地加以混淆。基本的逻辑是：绩效的达成有更为系统、更为复杂的结构，并不是教练可以决定甚至有效影响的。教练往往是起到弥合断层的作用，而不是直接贡献成果。即便冠以教练之名的绩效改进取得了成效，也并非以启人心智为核心的教练所关注的最终目标。那些看似确认无误的绩效改善当中也暗藏着“短期绩效改善的陷阱”。

当然，如果把教练用作一种管理风格来促成绩效的提升，这样的做法在许多管理语境中是颇为有效的，只是教练并不是一种用来换取短期绩效的便捷工具，而是具有长期价值观的发展系统。

例如，在一个领导力教练课程中，当“行为层面”出现争论和迷惑的时候，我们往往要从系统要素的纠缠当中跳出来，对照被搁置一旁的领导者价值观来找到出路。这也就是为什么当系统运行不畅的时候，或是遇到挑战的时候，往往要回归价值观层面来看问题的原因。这种寻找并不是说教和强加于人，而是提供一个开放性的机会让受教者面对和选择。这种价值观的共鸣才是教练项目可以界定的有效目标。

至于系统的多维度属性，这往往也是领导力教练的重要内容，自然地也充分反映了管理的本质特征。从系统的角度来看，多维度意味着管理真相的复杂性，这就像一枚硬币具有不同的两面。如老子所举的例子“凿户牖以为室，当其无，有室之用”[①]。“有无”也是一个系统多维度的特质，而非线性思维中的“非有

①《道德经》帛书本第五十五章。

即无”“非善即恶”的情况，如果呈现于文字或视觉的话，用“有—无”表示这种状态或许更贴切一些。

即便是一个老生常谈的问题也往往会有不同的维度，例如，我在培训中对责任的解读（如图5-2所示）：

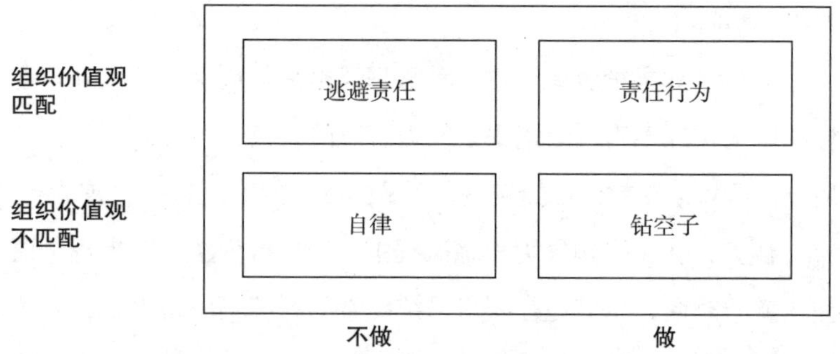

图5-2　责任是一种多维度的行为选择过程并非单一的状态

“责任”是一种分布，而非某项单一的行为。从这个结构可以看出，自律是责任行为的核心，自律不足会导致“钻空子”行为。而责任行为往往是自律在积极面的体现。系统思维下的理解和线性思维看到的概念往往是不同的，就像观察者处在不同维度的空间。这个例子本身就是一个教练思维的应用。许多四象限表达的概念都具有这样的特征，只是解读者往往更喜欢看到一个静态的结构，而忽略了其中的“关系”和四象限背后的真实系统性因素。

再看一个熟悉的例子，或许能帮助大家更好地理解。这个例子就是斯蒂芬·科维（Stephen R.Covey）所引用的时间管理重要紧急性的数据（如表5-1所示）。

表5-1　优秀企业和普通企业在四类事项上花费的时间差异[①]

	紧急	不紧急
重要	**第一象限** 20% ~ 25% 25% ~ 30%	**第二象限** 65% ~ 80% 15%
不重要	**第三象限** 15% 50% ~ 60%	**第四象限** 不足 1% 2% ~ 3%

看到这组数据，即便没有学员问“为什么”，作为教练也值得从系统思维的角度来思考一下这个现象背后的真相。当然，科维已经告诉我们，第二象限投入不足会产生更多的第一象限事项。这已经把人们静止的思维带入到了动态的画面当中。那么第一象

① 科维用此表说明普通企业和优秀企业在时间分配上的差异。第一象限是企业在重要紧急事项上花费的时间，第二象限是企业在重要不紧急事项上花费的时间，第三象限是企业在紧急不重要事项上花费的时间，第四象限是企业在不重要不紧急事项上花费的时间。上面一排的比例是优秀企业所花费的时间比例，下面一排的比例是普通企业的情况。

限对于卓越企业来讲，为什么还会花费20%～25%的投入呢？这来自于系统固有的结构方面的原因。你周末在一个休闲篮球场上上篮的次数和NBA球员在比赛当中上篮的次数可能差不了太多。这是由组织的运作特性决定的。如果你拿篮球和足球比较的话，就很容易发现这种组织结构以及运作特性的不同。第二象限和第三象限的数据恰恰说明了不同企业对价值观的理解：在低效的系统中，价值观的影响力是低下的，因为重要性是价值的体现，你是把时间花在重要的事情上还是随波逐流地受“紧急性”的驱使，这就看你到底有没有“走心的价值观”了。而第四象限中难以消除的琐事反映的是系统和外部的连接效能以及内部的损耗。你可以将其想象成电线的电阻会导致电流传输的消耗。

在这个例子中，具有系统教练思维的培训师不会仅仅停留在把结论传递给学员，告诉学员要把时间投入第二象限；而是要向学员呈现出这样一个多维度的系统图景，让学员有机会体知其中的关系。

系统的第四个特性是“突显性”。

而所谓“突显性”是系统特性的灵魂，也是教练价值的集中体现，简单来理解，就是1+1>2的部分。在教练的过程中的一种体悟，是“突显性”最直接而令人印象深刻的证据：有一次，我为一个士气低落的团队进行领导力主题的培训，课程一开始我看到的多是怀疑和冷漠的眼神。直到上午的课程即将结束的时候，学员还是处于一种要靠培训师用“气力”粘在一起的状态。下午回到课程中，培训室里的“气场”逐渐发生了变化。随着课程的继续，到下午四点多课程结束之际，大家起身鼓掌，向我道别。

当时学员们诚恳而充满感激的眼神令我至今难忘。从早到晚，人和环境并没有发生变化，究竟是哪里发生了变化呢?

这也正是许多创造性工作的价值感的来源。创造者享受的是这种投入其中、灵性涌现的状态。

在这类富有创造性的培训中，往往会在探索式的培训活动当中“涌现”出多个富有价值的行为和体悟，这是学员在围绕主题的互动中自发产生了的体悟，这些自然生发出来的分享和课程的价值观达成了共鸣。受教者对教练的感激之情只是这种共鸣的副产品而已。那些在受教者心智中额外产生出来的东西，甚至可以作为评价一次教练式培训是否成功的一个表征。

按照贾姆希德·格哈拉杰达基对突显性的描述，这种突显性属于系统因素交互作用而产生的，并把这个属性描述为“第二属性”(不同于重量、体积等可以叠加而成的“第一属性”)。也就是说，如果你有一只可以下金蛋的鸡，即使你把这只鸡解剖成“鸡丁”，也难以找到它下金蛋的原因的。因为这种“金蛋”来自于这只鸡的机体系统内部因素的互动关系，而并非来自于某个部件和个体因素。就像我提到的那次课程，是培训的全体学员中彼此互动的良性发展带来了突破现状的管理认知和情绪的改善。在管理中，我们往往把这种团队中良好互动的基础叫作“信任”。

理解了突显性，我们就知道了为什么“机会”往往存在于动态当中，为什么有种决策智慧叫作“相机而动”。这就像是中国的书法，书法家和笔墨纸砚互动的关系创造出了“美”这种突显性的东西，当然，如果有机会向王羲之请教的话，他可能会说，有时候还需要一点酒兴才能“突显”出旷世之作。

在培训所应用的管理游戏中也常常有这种突显性的身影。例如，“荒岛救援”[①]这个管理游戏。当群体的资源被充分调动起来，一群普通人中就可以涌现出专业级的智慧。每个人都没有合理的答案，而群体的系统联系互动则可以轻松接近有价值的真相。

我们再来看看系统性的最后一个属性“反直觉行为”。

“反直觉行为”作为教练的特征也是普遍存在而容易理解的。当学员的思维停留在直线的简单思维的状态，所“看到”的景象往往不仅是片面的，而且是“颠倒梦想”般的。

例如，经典的“啤酒游戏”[②]所展现的，凭你的直觉采购“适量的”啤酒，那么结果很可能是“灾难性”的。中国股市为了防范风险所采取的“熔断机制”或许也属于此类行为。从“决策心理学”的研究角度来看，这种“反直觉行为”其实是具有普遍性的。那么，不管是“只见树木不见森林”的系统视野缺失导致的“反直觉”，还是来自于进化解释的心智偏误带来的“反直觉”，都是教练体悟必不可少的功课。而心智偏误带来的与真相背离的“直觉”，也可以理解成为把心智僵化的人作为系统中的一个因素来进行系统分析的方法（如图5-3所示）。

总之，系统的反直觉是真相与错误心智模式的差异，无论这种心智模式是来自于个体视野的片面性，还是来自于人性固有的

---

① 一艘失去动力的游艇搁浅在了一个荒岛边上，艇上有多种可用的物品，能把这些物品按照重要性正确排序将决定之后幸存的机会。在良好的沟通情景中，通常小组的判断优于个人的判断。

② 彼得·圣吉（Peter M.Senge）在《第五项修炼》当中提到的系统游戏，它反映了人们对系统运作的心智局限。

心智偏误，而教练所要做的是穿过种种心智的迷雾去拥抱真相。

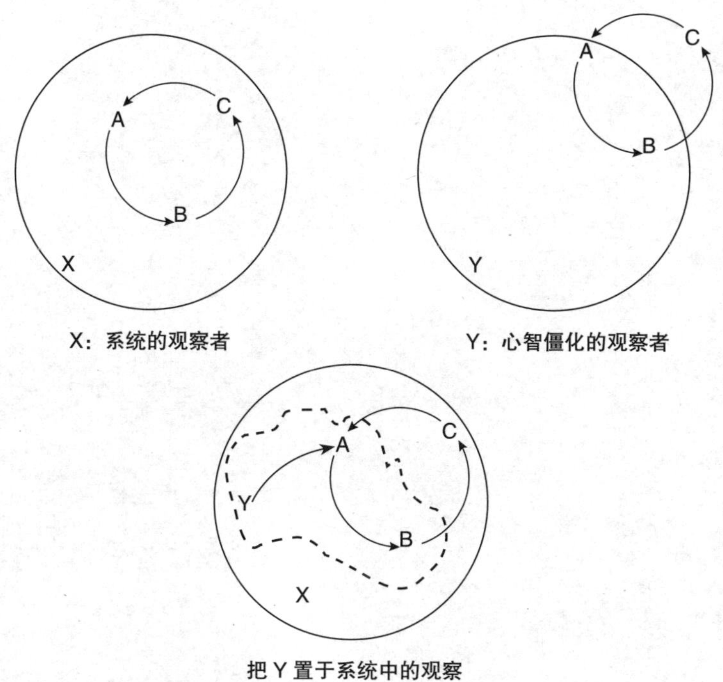

图5–3　不同观察视野的观察者

第6章

教练的系统素养

教练通过“系统性”感知管理、培训与生活，也必将设计与创造未来。

教练对管理主题的见解往往可以反映出教练的“系统素养”，这种素养决定了教练是一场培训的表演者还是导演。

最近我和一名电视台的主管的交流，让我看到了其他行业的人对培训师的一种典型印象。这个话题源自我们对培训和电视节目的讨论。在聊天中我说到了“培训师就像电视节目主持人”这个想法，立刻遭到了这位主管的反对。后来，我才知道，“培训师”乃至“管理教练”的形象在他的头脑中，是一些讲起话来滔滔不绝，善于灌输理论的演讲者。他认为，培训师参与面对大众的电视节目中的风险是很明显的：他们可能没有办法去解读“非企业管理”的社会话题，也可能习惯于套用企业管理理论去点评，而不是关注电视节目的传播价值。即便是让培训师担任企业管理主题的谈话类节目主持人，他们也可能把谈话节目弄成一堂管理课。他的这个担心当然是有道理的。实际上，缺乏“系统素养”的培训师必定会给人留下这样的印象。这位主管也曾经多次参加管理培训。可以猜想的是，一些“套路式”或是“表演式”的培训风格，足以让他给培训师的整体印象敲上一个“自说自话”的印章。

具有系统素养的教练恰恰是“反僵化”“反单向性”的。教练是在和问题的互动中产生观点的，而不是收集了许多知识去展示“自己的观点”的。教练可以运用企业管理的相关研究来阐述问题，却并不局限于企业管理的话题。在教练者的头脑中，管理本身的确是一种信仰，却并不特指企业范围的管理，企业系统只是一个典型系统而已。优秀的电视主持人兼具了教练和演员的角色，而更倾向于教练的角色。甚至在一些娱乐节目中，主持人的魅力除了来自于“急智”涌现的应景幽默之外，也来自于他们用系统思维阐发的见地。一名优秀的主持人会让各持己见的专家充分发表自己的见解，也会让观众看到一件事情完整的来龙去脉。犹如吉杜·克里希那穆提（Jiddu Krishnamurti）所说：“教育的最大任务在于产生一个完整的人，能将生活加以完整地处理。理论家就像专家一样，对整体毫不关心，他只关心某一个部分。”[①] 借用他的说法，教练所为是具有系统视野的教育，而不是作为一名专家去秀知识的。

除了具有这种“全生活视野”的素质以外，教练的系统性最终体现在教练者本身对这种系统性的理解和应用的习惯。例如，当教练面对一个具有僵化思维模式的学员，首先要做的并非急于去打破这个现状，而是了解或呈现这个僵化的心智系统。在具体的教练实践中往往要给这样的学员“呈现自我”[②] 的时间，这个呈现的过程就是一个学员和教练建立连接并展开互动的过程。一些培训师会把这种情况理解成一种冲突，并痴迷于去了解在这种情况下该如何“搞定”学员的技巧。培训师们的这种心理需求从这

① 吉杜·克里希那穆提．一生的学习［M］．张南星，译．北京：群言出版社，2004.

② 这里不用“自我呈现”是因为“自我呈现”有呈现主观自我的涵义，而“呈现自我”是说呈现出“自我”真实的状态。

类技巧性文章的阅读点击量中就可以窥见一斑了。从系统的视野来看，很难说这是一种冲突，系统思维者更倾向于把这种情景理解成一种发挥教练影响力的机会。

要想对这个僵化的心智系统发挥影响，你或许应该运用迭代的方法，而非急于"搞定"。在实际的教练中，你面对的可能是一名和你活在完全不同的思维世界里的人。数十年来，这个头脑的所见所闻、热情所在、内心期望和你的际遇与关注都迥然不同……对于教练而言，每次都期望用结构化的方法来达成教练的目标必然是有问题的。在教练当中，冲突和差异可以是一种资源，然而对这种系统之间的"冲突"往往需要迭代式的柔性运用，而非使用刚性的方法，非系统性的刚性方法可能会弄糟甚至毁坏掉整个教练项目。这种思维在具体的管理实践中也一样，对于管理者而言，即便拥有无坚不摧的权力资源去搞定冲突，也必然在对方心灵的层面留下负面的影响，而这个影响管理者往往是看不到的。这种负面的影响在组织中积累而未加消除就会形成郁结，这个郁结就像一个血栓一样，有可能在某一天肌体状态不佳的时候就促发了一场"心绞痛"。

"天下之至柔，驰骋天下之至坚。出于无有，入于无间，吾是以知无为之有益。不言之教，无为之益，天下希能及之矣。"①老子这段话似乎就是用来解释这种"至柔"的教练风格的。

当然，这并不是说教练和学员的所有刚性冲突都是有害的，除了人际冲突（鲜有人际冲突可以靠刚性的方式有效化解），关

①《道德经》帛书本第六章。

键时刻的冲突也可能是一种有效的连接方式和教练手段。

教练的迭代不仅是在培训现场和学员的互动中，更是贯穿于整个教练课程的设计开发中。对于课程开发者来讲，优秀的开发者必须是富有实战经验的教练，而优秀的教练也必须是优秀的课程开发者。这也正是一些培训机构和企业期望培养自己的课程开发者却往往无疾而终的原因。

对于一名职业教练者而言，通过不断地迭代，“涌现”和“模式化”这两种不同的状态可以交替产生，相辅相成。简单到一名职业讲师的自我介绍，复杂到一个商业版权课程的设计，这种迭代的素养总是渗透其中而自然发生作用。当一个有价值观的教练系统经过不断迭代，最终就会形成一种有着自己风格的教练状态（这是一种教练的个人风格，而不是指某种独家的方法系统）。风格看似是一种“流派”，却和之前提到的“技术流派”强调自家教练技术是不同的（如图6–1所示）。

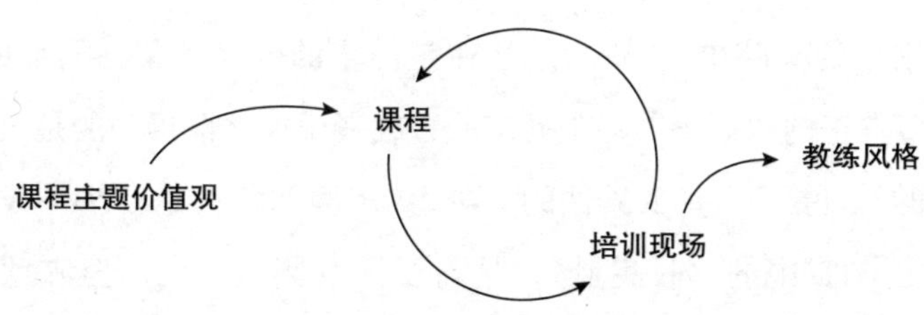

图6–1 教练在教练主题中不断迭代形成教练风格

对于一名真正意义上的教练而言，这个过程不仅仅是发生在培训现场的，“培训现场”会扩充至“生活现场”。通常而言，进入这个阶段的教练会是一名不错的职业教练；而进一步的发展，通常也会有一部分人把课程的内容扩展为思维体系，这样的人可以说是具有了教练精神的人。在这种情况下，教练的价值观和思维体系已经融合在一起成为一个整体，也可以说教练真正进入了这个“教练的场景”中。我们还可以从意识的角度来看，是价值观这种潜意识层面的因素和思维体系这种偏重于显意识层面的因素融合在了一起。

如果是在某次具体的商业教练项目中达到这种融合状态的教练者，已经并非以课程在和学员沟通，而只是在和学员“聊天”或“相处”罢了（如图6–2所示）。

有了这种进化，教练者就具有了“知行合一”的系统素养，以系统状态对待所处的世界当然大有不同。

例如，与传统的分析型思维者不同，系统思维者对“概念”偏向于解释与对话，而非定义。这在培训中表现得很明显。在系统思维者的头脑中，“概念”往往是静止的或是停留在局部的，而许多真正的“概念”却是动态的，或者说如之前提到的是“多维度的”。除了一些工具性的“概念”，例如什么是GTD[①]或者什么是GTD中的“收集篮”，是需要了解其概念的，但除此之外，许多“概念”是对真相的掩盖甚至是破坏。在一次传统行业

① GTD是“getting things done”的英文缩写，是一种广为流传的时间管理工具。

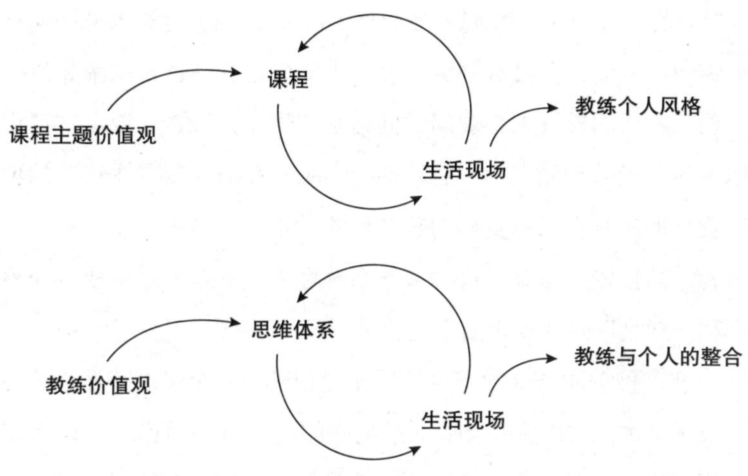

图6–2　教练通过课程的迭代塑造出个人风格，
进而达成教练与个人的整合

企业的高层培训结束之后，一位五十多岁的学员在聊天的时候向我反馈道：今天的课程没有定义“问题”，也“没有定义对错”的这种方式，令人印象深刻、受益匪浅。回想一下自己这些年的培训项目，虽然我经常讲管理的主题，却从来没有讲过管理的定义！这可能会让期望听到管理“应知应会”内容的人失望了。

系统思维必然形成的另一种情况就是系统思维者对未来的关注。

在教练者的思维中一旦这个迭代开启之后，如果没有输出一个可以令人接受的结果，那么思维是很难停下来的。在这个动态的教练思维图景中，未来就是现实，而非虚妄的想象，这种倾向很明显存在于马云、埃隆·马斯克（Elon Musk）这类未来倾向型头脑中。然而，在投资领域，投资人的思维却往往是一幅相反的景象。普通的投资人喜欢问的问题是“你怎么赚钱”或者“请把你的盈利模式说清楚”。在大多数投资人看来，最“性感”的项目就是那些具有简单直白的获利模式的项目，但这只是一种“淘金者”的投资人思维。这种缺乏系统性关注的投资思维或可获得小利，却难以收获真正的系统价值。

和这种关注未来的思维特质相辅相成的一个思维特质是关注本质（本原），本原和未来是系统中的两个状态而已。系统有哪些要素构成，要素之间互动的关系是怎么样的，理解了这些，未来的图景就清晰而真实了。为什么有些人看得清本质和未来，而有些人的眼中根本就没有这些图景？这取决于人们有没有进化出“系统之眼”。在对管理问题的讨论中，也总是会看到管理者们对未来和“抽象的本质”的感知力有很大的不同。这实际上也是一种系统素养的差异。

“看清楚”并不是超然物外的鸟瞰，系统思维者更倾向于主动“设计”。“设计”是具有系统素养的管理者观察世界的一种具体方式。通过设计，系统思维者有机会看清楚更多的细节和可能性。设计本身也是一种对未来的预测，商业模式就可以理解为把自身因素和行业系统进行整体设计的结果。

话题至此，我们的讨论似乎已经超出了教练的范围。而实际上，教练最终的归宿绝不是在培训的现场和自己的书房，而是在这个开放的真实世界中。系统思维就是教练回归广阔真实世界的一段风景绮丽的旅途。

第 7 章

教练与“心物一元”

教练是那个投入其中的燃烧物，而不是观察者。

超个体心理大师肯·威尔伯在《意识光谱》当中对二元论知识这样写道：

就好比一把小刀无法切割其自身一样，宇宙万物在将其本身完全割裂开来之前是无法完全将其本身看做一个对象的。因此，若尝试将宇宙万物作为知识的对象来加以认识，是存在着深不见底、无法根除的矛盾性的；而且它在表面上取得的成功越多，实际上尝到的失败越多，而宇宙万物也就越发变得“自相矛盾”了。虽然这种二元对立的知识非常古怪，但将宇宙万物分割为主观和客观（或者实相和谬误、善良与邪恶等）的概念本来就是西方哲学、神学以及科学的根本奠基石。大体上说，西方哲学是古希腊哲学，而古希腊哲学是二元论哲学。如今依然争辩不休的大部分重大哲学论题都是由古希腊哲学家们创作和塑造的。这些论题中包括实相与谬误的二元论，这一学问被称为“逻辑学”，包括善良与邪恶的二元论，称为“伦理学”；以及表象与本质的二元论，称为“认知论”……

二元论或者“分而治之”的理论毒害如此之深，其中一个主要原因在于二元论的谬误已经形成了思维的根基，因此无法通过思维来将其连根拔起了。

教练从事着启人心智的活动，那么教练本人的所学和他们用以启发他人的知识是否也被威尔伯所言的二元论知识吞噬了呢？

这本来不应该成为一个问题，因为教练如果没有从这种二元分离的状态当中解脱出来就难以有效地（主动地）启发他人。而事实上，许多从事教练的人们（不管是职业教练还是管理者）不但没有意识到这种二元困境，反而以追求标准、方法、逻辑等客观因素的二元姿态企图控制他们面对的事情，想要以普罗克拉斯提斯式的方法解决问题。这样的问题因其太过普遍往往不被人们所觉察，但它却是制约教练心智成长的死结，一刻没解开就会令教练的生命有窒息之虞。

甚至像物理学这样成熟的学科，在把“二元论”发挥到了极致之境后，也遇到了明显的困境：

从1970年至今，科学家已经做了一系列实验。从1972年到1982年的实验结果，都显示了一个惊人的也是出乎唯物主义哲学家意料之外的结果：科学实验并没有再一次宣布那种直观上显而易见的朴素唯物主义的胜利。相反，实验结果明显倾向于主观主义的哲学立场！

这段话是哲学家金观涛在《系统的哲学》当中对物理学的唯物主义哲学困境的描述，诸如此类对物理学认知困境的描述并非个案，在威尔伯的视野当中类似的研究也多被提及。

二元论的困境是普遍存在于人们的心智世界当中的，这是人类知识发展的必然阶段，在这个阶段当中，不单单是教练要面对这样的困境。然而，教练的使命决定了他们应当是更早从这个困境当中解脱出来的先行者，而这样的先行者在各个领域中都会存在，不管你是否把他们看作教练。

斯蒂芬·霍金曾说："哲学已死。"对于这位物理学领域的先行者而言，物理学的发展已然是"以真实世界为表述方式的哲学"，而那个原本思维世界里面的哲学已经显得有些行动迟缓了！实际上，这很可能是表明"真实世界"和"意识世界"走得越来越近了，因为它们原本就是一个整体！那些先行者从固化的二元世界当中解脱出来看到了更为真实的世界。

对于启人心智的教练而言，在这个认知变革的过程当中，只有回归"一元认知的状态"才能找到教练生命力的源头。

五百年前，王阳明给弟子传道的时候就这样说过："你只在感应之几上看，岂但禽兽草木，虽天地也与我同体的，鬼神也与我同体的。"其后"一哥"又说道："可知充天塞地中间，只有这个灵明，人只为形体自间隔了。"也就是说，灵性即是万物，万物寓有灵性。用量子物理学家埃尔温·薛定谔的话来说，就是"外部世界和意识是相同的一体"。

肯·威尔伯对"二元的虚假"和"一元的真实"说得更加透彻具体："有关主观与客观的二元论和有关过去与未来的二元论有着同样的幻觉性，而其幻觉的本质可以得到轻易的论证。因为在这一时刻，你能够真正找到一个独立的自我，找到一个与'客观'相分离的'主观'吗？当你听到声音时，你能听到自己正在听吗？当你正在品味时，你能品尝到品尝者吗……被称为'此处的你自己'的感觉和被称为'彼处的客观对象'的感觉始终都是同一种感觉。”

试想，你是一名足球爱好者，在球场周围的跑道上慢跑。突然间，你看到远处快速飞来一个足球，马上就到你面前了。此时此刻，当你意识到球飞过来的时候，你的意识已经和这个足球交融在一起了。接下来，你可能会一脚把这个球踢回球场，也可能你根本没踢到这个球。不过，那一刻，你在全身心地感知那个球，你和那个球已经融合在一起了。

也就是说，你的意识和“被感知的对象”是分不开的。这样的描述对于教练们展开教练活动就更具有实际的参考价值了。

借用米哈里·希斯赞特米哈伊 (Mihaly Csikszentmihalyi) 的研究，我们或许可以把这种“一元认知”理解成一种“心流”的体验。把意识和被感知物的融合理解成“心流”，这样描述或许并不准确，然而不管这本质上是否是米哈里·希斯赞特米哈伊定义当中典型的“心流状态”或者你怎么称呼它，这其中都包含了一种“意识进入专注的状态”。这种意识的聚焦和融合或许就是“灵性”①呈现和传播的方式。而此处所描述的灵性状态用亚伯拉罕·马斯洛的表述来说就是“存在性认知”。马斯洛这样描述存在性认知：“在存在性认知中，对客体的体验经常被视作一个整体，一个完

① 灵性是肯·威尔伯描述为绝对主观的一种深度实相，可以描述却无法定义，因为“有关整体实相的直接且肯定的说法必然要么毫无意义，要么自相矛盾”，这即是非二元论知识所具有的特质。然而，“即使实相是无法表述的，但它却是可以体验的”，“心流”以及下文当中的“存在性认识”是对灵性体验的描述，是灵性的呈现。灵性是自性，是系统整体信息，不是个人的感受。

整单位，超越各种联系、可能的用途、便利和目的，自成一体。看来它似乎是宇宙中所有的一切，似乎它就是和宇宙同义的全部存在。”对这种一元的状态，马斯洛接着又描述：“在存在性认知中，知觉对象得到唯一且完全的关注……在这种关注之下，知觉对象得到了全部的注意力，背景实际已经消失，至少是没有得到明显的关注。好像此时此刻世界被遗忘，知觉对象被完全孤立于其他之外，暂时成为整个存在。由于整个存在正在被知觉，所以它所包含的一切规律都会被掌握，如果整个宇宙能够同时被包含的话。”

在二元论的世界里，无论是物理学还是教练，这其中都存在着一个“观察者”的角色。在物理学当中，我们知道对微观世界的测量是“测不准”的（正如海森堡测不准原理所描述的那样）。观察者一旦“进入”了这个系统，系统就不再是既有的系统了。而在教练系统当中，如果教练只是一名置身事外的观察者，那么你到底能看到什么呢？在此，并无必要在物理学和教练研究之间架起一座桥梁。然而，作为教练，我们得到的启发是，教练本身就是“场”当中的一个“因子”。

以肯·威尔伯的视野来看这种统一：“一种无须将认知者与被认知之物、主观与客观相分离就能够进行的认知模式，才可能意识到二元论知识的不完整性。爱丁顿这样解释第二种认知的模式：我们拥有两种知识，我将它们称为符号知识与亲证知识……更为惯常的推理形式是只为符号和知识而发展起来的。亲证知识无法接受分类与分析；或者说，当我们尝试分类与分析它时，这种亲证就消失了，取而代之的是符号。”当进入爱丁顿所说的“亲证知识”状态的时候，我们必定是和“被认知之物”融合的，这种“亲证知识”只能由体悟得来（如图7-1所示）。

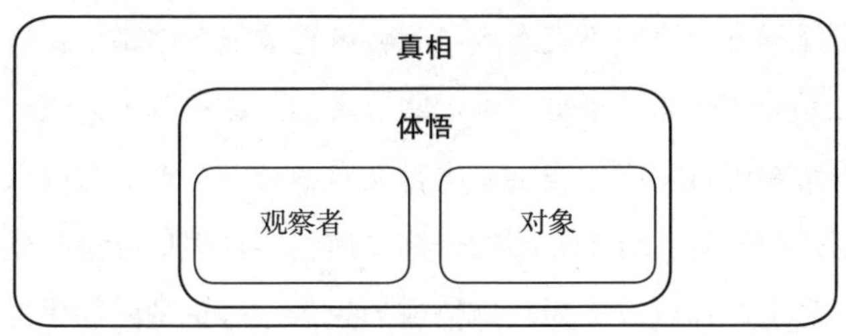

图7-1　观察者和对象融合才能“看到真相”

作为教练而言，教练和其面对的学员是一体的，教练是以自己对真相的体悟和学员融为一体的，并不是聚焦于用技术去“促动”他人，而把自己置身事外。产生感应的时刻（这里所说的“感应”并不只是教练和受教者的联接，而是教练、受教者和真相的联接，这种感应就是灵感）就是所谓的“当下”，就是灵性照亮现实的状态。

在教练实际的操作当中，大家经常会混淆“价值体悟”和“价值观”这两种不同的知识。大家平时在讲“价值观”的时候，多数想要表达的是“价值体悟”这种一元知识，由于语言表达本身具有“二元分离”的特质，“体悟”这种一元知识在表达了之后就往往只剩下一层二元知识的皮了。这就是史书记载当中的那位老子当年虽然被逼留下洋洋五千言，却在《道德经》的《道经》开篇就无奈地说“道可道，非恒道”的原因。这个“恒”一般都被解释为“永恒”之类的意思，其实更可能是“真相”的意思，也就是说，“道”说出来就已经不再是“道”之真相了！那么，《道德经》洋洋五千言岂不就有点“就将就着看吧”之嫌了！这也未必，二元分离的语言也可以提示阅读者们去体悟其中的道理，而不要停留在语言文字的表层。语言文字本身不是道，却可以成为人们悟道的工具。对于教练的修炼又何尝不是呢！方法和技巧本身并不是道，却可以成为教练悟道的凭借，这正是教练化二元知识为一元知识的价值所在！另一方面，如果你被禁锢在教练的方法和技巧当中，那便是要和真相无缘了。

在一场教练活动当中，如果缺乏“价值体悟”，这样的教练或许还可以充当一次不错的商业秀，却很难达成真正的教练效应，往往注定是失败的，或是偏离教练目标的。

这种“体悟的价值观”往往并非以显性的形式存在于培训的现场，不似一些标榜为“灵性体悟”的培训往往把“爱”与“感恩”之类的词汇当作口头禅。实际上，这些标榜关注灵性的学习成了一些人逃避真相的“心灵避难所”。一些身处其中的学习者经常会有一种选择性关注的倾向；对自己不愿意面对的东西总是有自己的套路把它们给忽略掉，而最终让自己投入一种虚假的“积极心态”和“正能量”的状态当中，那些被视作“消极的”东西即便富有价值也会被远远地抛弃。这恰恰是“二元分离”的另一种形式，不像那种“把自己禁锢在理性观察者的牢笼里”的情形，这种情形是把自己囚禁在牢笼的另一头，一种“积极的假象”当中。这种假的“灵性”像许多假货一样，只能给饥渴的心灵带来替代性的满足，霸占了人们对真相体悟的机会，让他们对真相茫然无知。

因此，“价值体悟”的发展，最终达到的就是“真相”（达到灵性），而不是“传播或输入某种带有组织私利的观点”，像某些炫目的商业广告所做的那样。因为价值观的幻象无法达到真相，与真相匹配（如图7–2所示）。

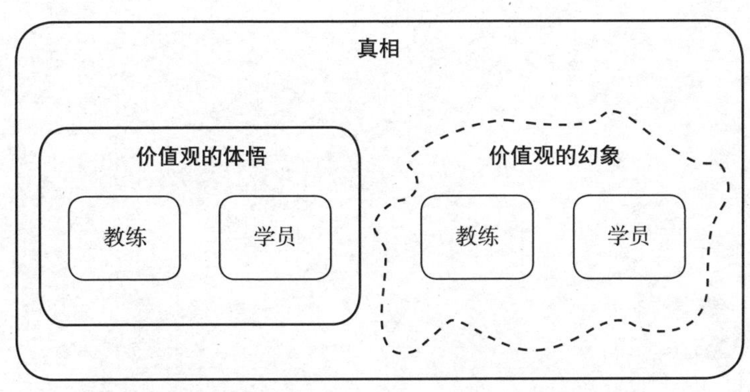

图7–2　价值观的体悟是具体教练实践中的连接，而“价值观的幻象”则会带来虚假的连接

第8章

职业教练修行的两重“魔障”

教练是那些受到感召而用心投入的人，他们精通方法却不依赖方法，不受个人利益的驱使，有敏锐的知觉、向善的意志和开放的思维状态。

职业教练与商业在冲突中融合。职业教练的商业成功并不对应其教练的价值，商业是职业教练的沃土，真正的教练不是用“假的教练”来做买卖，而是在买卖当中成为教练。

职业教练修道者有两重“魔障”：一重是“商业项目包装”诱惑教练追逐方法与形式；另一重是教练心理自我和外界的冲突，从“自我”走向“融合”是正道。

既然教练是“场”当中的一个因素，那么就像一锅好汤一样，其中的各种选材和配料都会发挥作用，而教练就是一味主要调料。如果调料本身是发霉的或者味道欠佳的，那么不管你用了什么方法来烹制，也不管你用的厨具有多名贵，炖出来的汤必定是不好的。

教练者本身的修炼就成为教练活动的一个根本的内容。也就是说，一名教练对学员的培训并不是从培训项目开始的，而是在“教练自身的日常”就已经在进行了。那些传授给学员的方法技巧并不是教练的本质，缺乏教练能量的工具方法就像“味道还不错的爆米花”，能给人带来口腹的愉悦却鲜有营养。如吉杜·克里希那穆提所说：“当一个有学问的人依赖书本、知识和权威，借着它们以获取了解，那么他便是愚蠢的。”[①] 无论克氏是否权威，借着克氏的话，我们来反思一下教练的行为：作为一名教练，依赖方法和技巧而不是“自我对真相的投入”展开教练是愚蠢的。

我们不妨再来借用一下“心学权威”王阳明的表述：“有心俱是实，无心俱是幻；无心俱是实，有心俱是幻。”这段耐人寻味的话的意思是，真相（本体）和技巧（功夫）是合二为一的。

① 吉杜·克里希那穆提. 一生的学习［M］. 张南星，译. 北京：群言出版社，2004.

而在实际的商业教练市场中，面对这个常识性的问题，一些职业商业教练和教练项目的管理者却可以自欺欺人或装聋作哑地无视“教练体悟内核”的存在，有几个原因导致了这种情况的泛滥。其中一个原因是，“教练培训产品”的商业成功掩盖了教练修养价值的匮乏。

商业教练作为一种商业服务，是否能够在市场上取得成功，核心是赚到更多的钱，除了教练本身的价值，还有很大一部分的原因来自于销售和市场投入的影响。而实际上，教练这种热爱智慧的群体往往并不能适应这种“推广”的做法。让一种“无为而有为”的东西成为主流是具有许多现实困难的。那么一个悖论就产生了：如果教练是一种启人心智的高价值的存在，而这种存在的传播力又如此之孱弱，那么最终智慧的花朵是怎么开放的呢？

当然，这个悖论是不存在的。商业趋利的品质和教练无为的风格并不冲突，作为一个富有启发的商业教练服务裹上“抓人眼球”的包装并没有什么不妥之处，而这里要说的是另外一种相反的情形：缺乏教练内核的培训服务在成功的商业推广之下获得了丰厚的利润，这种缺乏教练内核的培训产品或服务，往往就是以形式和技巧的夸张来博人眼球的。

这是另外一种“劣币驱逐良币”的现象，不是破旧不堪的“劣币”，而是装饰精美的“劣币”驱逐了看似朴实无华的“良币”。

这种“劣币”泛滥的情况往往有些典型的模式。例如，其中一种就是培训行业的外贸模式，具体来说就是挂一块国际品牌，到国际上的行业展会购买几个现成开发好的课程，在国内的市场上靠销售的力量可以做出不错的销售额。这样的做法可以弱化作为教练的培训师在项目中的商业价值，也就是说，“培训产品”具有了专业化的外壳之后，商业项目的运营机构和企业的培训管理者就可以自欺欺人地忽视一部分培训师自身的修养和功力了。技巧和形式取代了真正的教练价值，而这对企业的组织学习来讲是一种损失；对一些培训管理者而言，却并没有什么动机去鉴别教练价值的优劣，似乎有了外在的专业包装就可以完成差事而高枕无忧了。

在这样的“合谋”之下，注重形式而忽略教练核心的商业教练项目就更容易流行起来。

实际上，“追求形式上的专业”可以成为“丰富培训产品的教练内核”的契机。在有了还不错的培训产品后，我们还需要关注教练的培养。如果从教练自身的角度来看，就是“自我教练”重于追求课程外在的认证和包装。

除了这种“智慧产品”被庸俗化的魔障之外，另一重魔障来自于商业成功相关的教练心理的变化，这种心理变化总是随着商业成功尾随而至。

身处商业成功之中的教练应该清醒这种价值并非来自于教练本身，而商业成功更有可能挑战甚至伤害到教练的修养。这么说并不是指商业成功和教练修养有什么冲突，更本质的问题是教练在商业成功之后的心理管理：在教练技巧的提升和商业成功之后，自己的内心是被“割裂”还是被“整合”，是趋于平静还是产生躁狂。这和一个从贫困走向富裕的人的心态是类似的，甚至更为强烈。两种不同的情景下的心理状态更能投射出教练的真实素养。这种热带雨林般的真实商业环境为教练成长提供了空间，也形成了一道魔障，让教练修行者迷失其中。

面对受教者形形色色的心智以及和这些心智互动的挑战，教练的自我认知处于何种状态是一个重要的心理话题。为何恐惧与怀疑？为何骄傲与愤怒？教练能否看到终极价值？能否与终极价值融为一体？

事实上，我看到不少教练的商业成功是以丢失自己为代价的。只要你稍加留意就可以看到，有一些职业教练迷恋所谓的“培训师气场”，这种“气场”更像是一种“狂妄”的状态，那些职业教练期望以此来加强自己的权威和影响力，却失去了对学员的基本尊重。可以肯定，这并不是一名真正的教练应该有的状态，这种虚妄的状态即便是作为一种发挥影响力的技术都是多余的。这种状态又被吉杜·克里希那穆提言中，“智者并不使用权威，而掌握权威的人绝非智者。任何形式的恐惧都阻止了我们对自身以及和一切事物之间关系的了解。”①

这样的职业教练把自己从世界中孤立了出来，“关系”成为一种装饰或者虚假的存在。这些教练们只是为了运用这种“姑且的关系”获得课程的商业利润而已。

真正需要及时治愈的恰恰是这些从事教练职业的人。培训成了他们心智上瘾之后的一种依赖性“药物”。这样的教练其实是通过培训来解决自己的心理问题的，而并非来服务受教者的。在这出戏中，教练的角色投入越深，就越是陷入“自我”和整个教练场的分离状态。这些人看起来的确是进入了“当众孤独”的表

① 吉杜·克里希那穆提. 一生的学习［M］. 张南星，译. 北京：群言出版社，2004.

演状态。

由这样的教练参与的培训项目，“场面”即便热闹，也隐藏着现实的风险。具体而言，教练对学员一个忽视的眼神就有可能对学员造成伤害，一个自我的观点哪怕包装得再委婉也可能压抑了一个灵感的火花，一个运用娴熟的技巧可能会让课程得到好评却可能是不折不扣的欺骗。让一个缺少教练内核的人担当教练，那么这名教练越资深，其中隐藏的破坏能量就越大。而这些事实在一些培训管理者眼里是难以发现的，有时候也往往是视而不见的，因为许多培训管理者是以完成自己那些“被企业割裂的工作”为目的的。

教练的这两重魔障都是一种割裂的状态，其修炼的突破也需要回归至“心物一元”的融合。就这一点而言，教练面临着和受教者一样的困境，无法突破的教练最终会在经验的累积之后要么“平庸”，要么“发病”。

总结来说，教练的修炼中时常面临着两个分离（割裂）的威胁：

教练面对的第一个分离是方法（以及形式）上的分离，把自己陷入某种方法、理论以及包装的陷阱中而迷失了方向。

教练面对的第二个分离是自我分离，越自我越割裂，把自己关闭在自我的牢笼中难以解脱。因此，“舍弃”自我，回归教练场中的“集体”是教练需要修炼的第一个，通常也是实际教练当中最重要的状态。

理解了这两个分离，教练修炼的整合就可能慢慢开始了。

第 9 章

教练所面对的群体与个体

教练的慧眼看到的不仅是群体中的个体，也有群体资源以及个体在群体丛林中的探索。理解和运用这种可能的教练结构是必要的，虽然这并不是教练的全部，因为再完善的结构都需要教练的参与和投入。

教练面对的是“人”或“人群”。作为教练者本人需要明白自己面对的是怎么样的“资源”，才能具有一双充分发掘机会的慧眼。群体虽然是由个人组成，然而教练面对的群体教练资源和个人教练资源却有着本质的不同。

在企业培训或企业管理的场景中，教练往往面对的是一个群体或者说团队。人的组织方式在管理场景中和培训场景中显然是不同的。然而，在培训场景中对人的心智改善却又可以直接影响工作场景。因此，了解培训场景中的教练，对管理场景中的教练也是有实质性的启发的。我们把镜头聚焦到一个培训的现场，来看看教练在培训的现场面对的是怎样的资源。

首先，我们来看一看为什么必然要分组开展培训？

“必然”并不是说具体操作中的可能性，而是指普遍意义上的合理性。首先，教练即便面对的是一个由15名学员组成的群体，也会发现，统合大家的意见或者是让群体产生充分沟通无疑是一项挑战。例如，在一个轮盘式（大家围坐一圈，每个人都有机会和其他人进行沟通）的团队与个人认知的活动中，如果再增加一个人，那么增加的那一位就要和其他15位沟通，如果这种沟通是双向的，那么这个过程会变得更加复杂。复杂还来自于每个个体都是有个性的而且是具有影响力的，将他们顺利融入教练的结构当中往往是有挑战性的。

按照《人人时代：无组织的组织力量》（*Here comes everybody: The Power of Organizing Without Organizations*）的作者克莱·舍基（Clay Shirky）的说法，群体具有一个递进的行为分层，分别是"共享、合作以及集体行动"。也就是说，共享对于群体而言还相对简单，合作就需要妥协，改变自己原有的行为，那么集体行动则更难，因为集体行动需要群体一致性的行为。

从这三个层面来看，小群体无论在哪个层面都是具有优势的。如果将15个人分成3个小组，然后在3个小组之间沟通，情况将会有很大的不同。在日常的培训和管理沟通的场景中，7个人的规模已经属于充分参与沟通的上限。

当然，对于教练而言，所要考虑的核心还不是群体组织的便捷性，而是整合群体资源的有效性。这种有效性在培训中往往体现在观点的"差异性"和"典型性"的平衡。也就是说，教练通过和群体的交流需要收集到各种类型的观点，从反对、折中到赞同，从0分到10分（满分）。事实上，4～5个小组（每组5～7人）对呈现出整个群体的典型观点是很适合的。这里面是否隐藏了什么数学问题或者是组织研究的问题不得而知，不过，从经验来看，4～5个分组往往就能涵盖问题的不同认知角度。

就像类似"世界咖啡"[①] 这样的互动方式，就是整合了小组的这种典型心智，然后把多种典型心智进行碰撞。要点就是这种

① "世界咖啡"是一种具有多视角、开放性的会谈模式，一般以小组讨论以及跨小组讨论为主要形式。

群体心智的“解析”与融合。

教练面对群体，有时候不是要简化沟通，而是要让沟通更充分，这基于教练展开的主题和目标。例如“找人游戏”[①]，按照清单找到三个或更多的和自己有共同特征的人，这个游戏往往是用来促进学员主动且充分交流而展开的。另外，还有一些面向全体的沟通活动是可以促动学员建立起个体和集体在深层心理层面的连接的。这个情况在第二篇的“在群体比较中发现心灵”“以集体采访策略收集心灵碎片”等章节的案例中会有所反映。

教练面对一个群体，核心的价值是要呈现出“群体心灵”，运用群体的资源来改善或者治愈个体的心灵；运用个体的心灵来激发群体的意识。个体心灵常常在面对“群体心灵”时得到治愈，而有时“群体心灵”也会因为个体的觉悟而得到治愈。当然，这种改善或治愈也有可能在方式上只是一种“呈现”或“无为”。有时，你来到某一个地方，你的心灵就会感到放松和安静，并不需要多余的慰藉；同样，来到团队或培训的群体中，也有可能让那颗绷紧了的心放松下来。同时发生变化的还有：整体团队的“气场”也会因为个体的自我呈现而得到改善。这种“教练场”中的改善可以成为工作关系改善的契机甚至团队成长的动力。

如果更深入地讨论这个问题，我们会发现，教练在运用群体资源开展教练的时候，“呈现”或“无为”并不总是有效的实用手段。按图索骥的“无为”，有可能让一次教练项目难以达成教

① “找人游戏”是一个常见的培训互动游戏。参与游戏的成员会拿到一个任务清单，并在规定的时间里尽量完成清单上的任务，任务的内容通常为：“找到3个和你一样星座的人”“找到3个和你读过同一本书的人”等。

练目标或是“完全没有教练”。这是因为“群体心灵”实际上可能只是一个团队的狭隘的心灵状态，而不是人类意识中的深层心灵状态。在这种情况下，个体意识和群体意识的碰撞就难以产生有价值的东西，即便教练理解了图9-1的结构也没有什么实际的帮助。在这种情况下，教练就需要运用一些方法让“人类深层心灵”呈现出来，用来作为教练的资源。

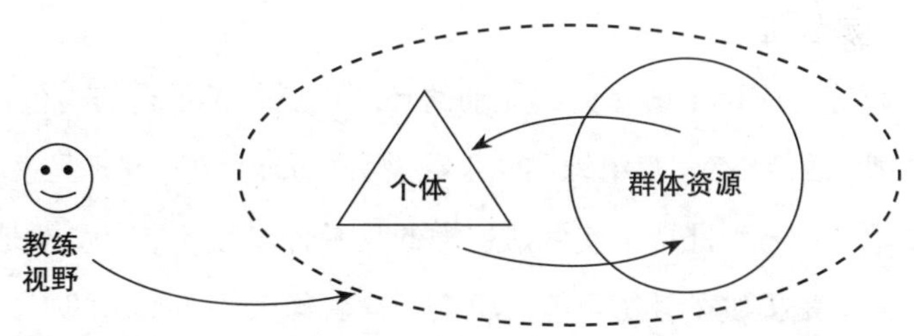

图9-1　在教练看来，个体和群体是互为资源的

回到对教练结构一般性的讨论，作为群体的教练，目标就清楚了：如何组织这个群体，并不是以考虑组织的方便和所谓的高效为核心目的，而是以如何组织才能够更充分地呈现个体与群体的意识状态，以及达成“个体意识”和“群体意识”之间的互动为核心目的。5～7人的小组之所以被普遍选择，是因为在有限的培训现场组织条件下，这个规模是“性价比”最高的组织方式。而这种传统的组织模式随着技术的发展，未来必定是会有所突破

的，在规模上和互动的形式上都可以有更多更好的选择。例如，一些电视或视频节目数千人规模的大会中常见的调查互动，运用移动互联的方式就很容易进行，而且参与人数越多越有说服力。像湖南卫视的音乐娱乐互动节目《我想和你唱》，就是一种以移动互联为组织平台的互动形式，还有网络视频直播等形式的培训，虽然目前还是以单向输出为主，也给群体资源的整合带来了极大的前景。随着通信技术的发展，这一前景正在快速成为现实。

作为教练而言，也应该体会到，团队的存在本身就是对个体的一种教练机会。

教练的应用价值在大型互动的环境中类似于平台的角色：制订规则，给参与者“自组织”的机会。另一方面，平台并不是教练，即便像Twitter（推特）或微博这样的具有普遍性的平台也不是教练，而只是提供了教练可能的机会。这就像教练所运用的工具和方法并不是教练本身是一样的，方法提供了再多的可能性，缺少了教练心智的融入都是死的外壳。

学员个体基于一个团队来完成一项任务的过程中，可能交错发生着教练的过程，这种教练是以团队成员为镜子或团队成员之间相互成为对方的镜子（这其中还包括了其他学员之间的关系对“受教者”的影响，尤其在任务情境以及教练情景中，人和人的现有关系、人和任务的关系，任务或教练环境中设定的或促成的人和人的关系，都会对其他学员产生影响），也可能发生自我教练甚至顿悟的状态（如图9-2所示）。

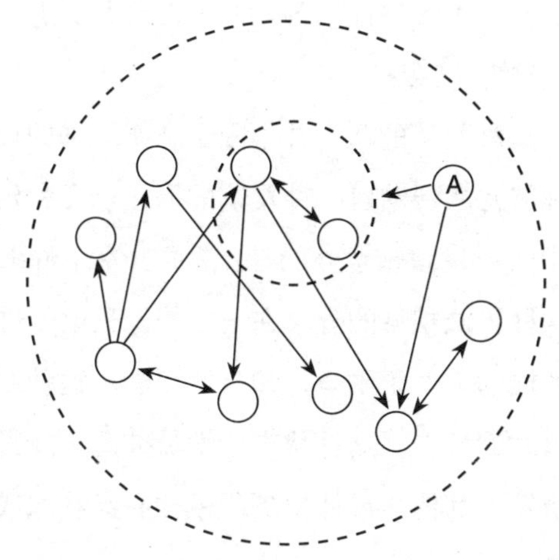

图9–2　A 在这个群体的场景中既是群体成员，处于群体的关系中，同时也是“观察者”，感受着多种关系和状态

在这种情况下，团队的教练首先应该做的未必是就主题展开对学员的教练，而更应该把团队成员之间生成“自组织的教练环境”的因素规划好。例如，建立起每个团队的内部信任关系或者让整个培训的气氛变得轻松愉悦。在商业教练的项目中，教练手中的资源是非常有限的，在一些学员看来，你可能只是靠一技之长来赚钱的“生意人”，信任感无从谈起。有的培训师试图以自己的知识和技能驰骋于培训现场的想法，不能不说是一种妄想。讲师如果没有运用团队现有资源开展教练的意识，难免会远离了团队教练的主战场，从而陷入一个孤立无援的境地。这种做法实际上投射了教练“以个人意识取代群体意识”的想法。

我曾经在一次关于情商的为期两天的公开课上，看到了学员之间产生相互教练的状态。

实际上，这种教练的状态并不限于那次培训的现场，在课后的交流中这种彼此的帮助以一种友谊的形式存在和延续着。至少在那次课程中，令我颇感意外的是：学员分享了许多个人心灵深处的状态。这种坦诚相见的分享在通常的课程上或许会让人感到尴尬，而在那样的一个氛围里，却自然而然。这种“自然”的流露不是一种暂时的情绪。这种状态让学员彼此之间得到了心灵上的支持，也激发了其他学员体悟到积极的心灵状态或是去探索解决问题的思路。

这样的状态并不是用了多么神奇的培训技术，而是来自于群体资源的有效整合。

我们可以把群体资源视作一个简洁的分层结构，这有助于教练在头脑中显现一个清晰的资源图像。

如图9-3所示，黑色圆圈为受教者，灰色圆圈为教练者，白色圆圈为观察者。观察者可以看到教练者和受教者互动的关系，甚至在之后的评价中，还可以看到其他观察者与教练者的关系；每一个灰色的教练者也可以看到其他教练者和受教者之间的互动关系。

当然，教练也可以把这种自组织的教练设计成一种结构化的方法来使用，虽然这可能失去了事情自然发生的惊喜，却也不失为一种有效的教练方法。例如，运用 GROW 模型对团队中的某位学员进行群体教练，就可以采用受教者坐在中间，而教练者和观察者围坐一周的方式展开。具体运用什么形式最终取决于你作为

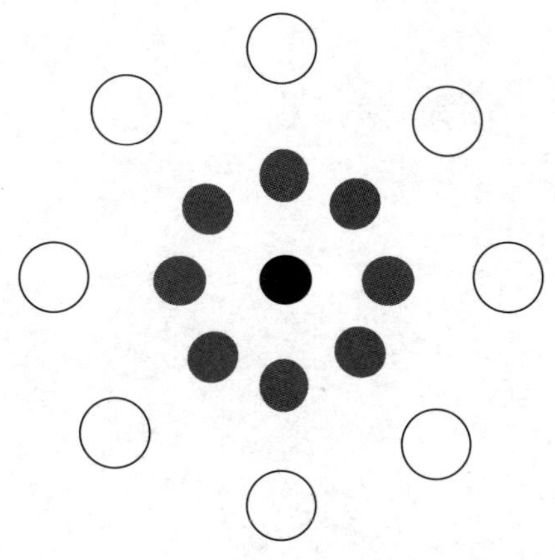

图9–3 简洁的群体教练资源模型

教练的组织创意，而核心的群体资源并没有变化，那就是：个体、任务中的关系（个体与个体的关系、个体与群体的关系）和观察（对个体的观察、对关系的观察）。

第 10 章

教练与治愈

教练面对的是一个被分离的管理世界和身处其中的人们，教练的使命是整合与治愈。

当一名培训师长期沉浸在培训的场景中，通常会体悟到培训是具有“治愈”的功能的。这并不仅仅是指那些关于心理主题的培训，还有关于管理与领导力的培训。实际上，具有培训价值的管理培训都应当具有治愈的功能，而我们所说的“教练”本身也包含着治愈功能的内核。

为什么这么说呢?

许多管理的问题都是来自于内在的冲突，而不是具体的方法和技术的缺失。这种内在冲突积累而无法得到有效解决，就会时刻伤害着经理人（当然也包括企业的经营者和创业者，他们往往会陷入更深层的冲突中）的职业生命，甚至是他们“自身”（精神和心灵）。那么，这种内在冲突又是怎么产生和存在的呢?

为了能更好地说明这个问题，我们先来关注一下焦虑的心理解释，这或许可以让你从中获得一些启发:

当你感受到了焦虑，一个心理分析式的解读视角是，焦虑是因为你的意识和整体意识的认知不匹配而导致的，我们可以用图10-1来表示这个状况。

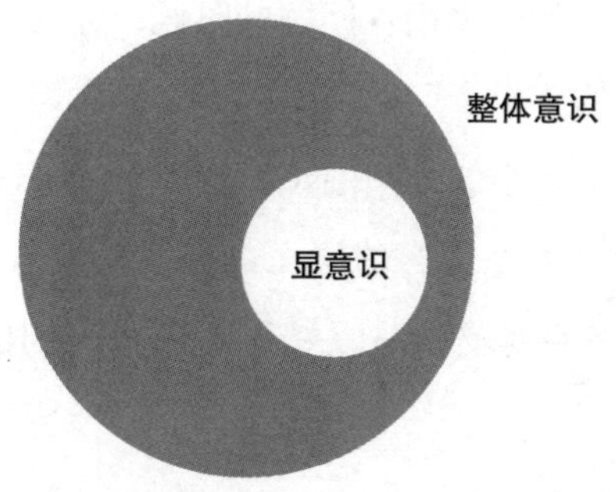

图10-1　人们的显意识只是整体意识的一部分

图中灰色部分代表整体意识，而白色部分是显意识，也就是你通常感知到的部分。一个人感受到焦虑的情况我们可以理解成首先是一种意识整体上的失衡，用太极图表示，如图10-2所示：

图10-2　焦虑源自于整体意识的失衡

当这个整体上的平衡出现问题的时候，你的心灵往往是会感知到那种不协调的“噪音”的，而由于你的意识关注范围集中在大圈（整体意识）当中的小圆圈（显意识）的范围，你做出的反应则更可能是在“显意识”的层面进行“调控”。如果针对的问题是片面的，这种调控必定是收效甚微的（如图10–3所示）：

图10–3 显意识的平衡对整体意识的平衡没有起到显著的作用

也就是说，当你的整体意识出现失衡的时候，你只是在显意识层面去调整是不能真正解决问题的。那么当你在显意识层面做了太多的努力而没有得到收效的话，那么心理层面的冲突（焦虑）就产生了。

从自我认知的角度来理解，缺乏自我认知的探索和对这种认知状态的保养，就像人体出现了“气血郁结”。“不通则痛”！而心灵层面的保健则会像身体的保健一样消除掉精神的郁结。

这种冲突本质上是由潜意识和意识层面缺乏“对话”造成的。这种情况下，你越是试图用“显意识的手”去控制，就越会得到潜意识的抗争。抓得越紧，潜意识的答案就越让你有“失控感”。这有点像两个相处了很久却没有彼此投入的情侣一样，一旦出现不如意的事情，矛盾就很容易产生，因为两者都还不曾真正地了解对方。

这种意识层面的“断裂”与冲突在管理上也常常造成麻烦。

很多管理沟通的问题往往就是这个情绪（潜意识因素）和逻辑（显意识因素）之间的断层所导致的，以至于许多课程的开发，就会围绕着“把这个断裂显性化”继而“弥合这个断层”来做文章。譬如，在“冲突对话”的研究中就识别了三个层面的冲突（如图10–4所示）：

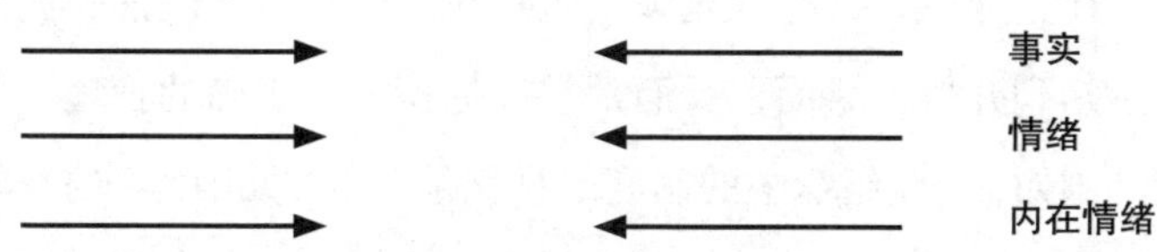

图10–4　沟通中冲突的三个层面

其中最上层的冲突是“事实层面”的冲突，就是冲突双方对“事实”的认知是不一样的，下属认为自己的想法富有创意，而老板则认为下属“想法幼稚，方案难以落实”。这就是认知层面的冲突，每一方都很清楚地"知道"，而知道的内容却截然不同。中间层的冲突是情绪的冲突：老板发泄自己的不满；下属感受到委屈，继而也表现出对老板的不屑或者更直接的对抗。最下面的一层冲突并不是双方彼此之间的对立，而是冲突双方对各自的抱怨和怀疑。老板冷静下来会思考"我是不是一个称职的领导"之类的问题，而下属也可能会对自己的能力与情商表示怀疑。

这个显现出来的冲突结构可能还有更深层次的关系。譬如，最上层的事实冲突和中间层的情绪冲突具有因果关系，而最下面的一层冲突属于自我范围的，是"对内的情绪冲突"，它和中间层的情绪冲突也是有必然的关联的，往往是由中间层的情绪冲突所激发的。不管怎么说，事实冲突是个导火索，那么点燃这个导火索继而引发向外爆发和向内爆发的原因是什么呢？就是"二元分离"的心智现状。

"是非"的判断从心智中分离出来，冲突的情绪就被激发了出来。在企业里，这种"充满是非判断"的状态不但很少被作为问题感知到并摆上桌面，反而常常被标榜成"正确的管理"加以褒奖。例如，企业组织中的制度本身就是个"二元困境"的产物！制度固然不可缺少，却也不是企业管理的"圣物"，把制度分离（总结或制订）出来的同时也要知道，企业的精神可能已经被压抑在"庸俗管理"的地平线以下了。

这种压抑必然会激发情绪的冲突，以至于这种情绪还会引燃更具长期破坏力的"内爆式"冲突。如果这种状态可以进行体检的话，许多人的健康指标会亮起红灯。这就像是一个在饮食上经常摄入高热量食物的人容易查出脂肪肝的道理一样。

那么对于处在这种状态中的学员，与其说他是来“学习”，还不如说是为了“治愈”。

弥合了“是非”之辩，“对错”就不再那么刚性而必然，情绪能量就更趋向“整合与连接”，而非“破坏和冲突”。

在管理教练中，教练要面对的学员的冲突有时候还来自于更复杂和隐性的内容。例如，下属所谓的“依恋类型”[①]和上司管理沟通风格的冲突，甚至在一个工作价值观一致的团队中，这个受个人深层体验所影响的“内在人格”也会起到隐蔽的破坏作用。可以说，个体的某些意识层次的“断裂”带来了个体的内在冲突，而这种个体的冲突又投射到团队关系当中，个体与团队产生裂痕，继而分离。

这里需要说明一下的是，表达为“显意识和潜意识的分层”只是一种比较粗略的说法，之所以这样表达，是因为这种说法已经足以激发教练对其面临的现实问题进行实用的思考。肯·威尔伯（Ken Wilber）的“意识光谱”的模型是一个更为细致的意识分层结构（如图10-5所示）：

按照威尔伯的说法，“每一种二元论都伴随着一种压抑和投射”。[②]当意识从下一层向上分离，这种压抑和投射就发生了。

如何理解威尔伯说的这种情况呢？

① 依恋类型有四类：安全型、痴迷型、疏离型和恐惧型。不同依恋类型的形成与个体早年经历，尤其是母婴互动的情况有关。

② 肯·威尔伯．意识光谱［M］．杜伟华，苏健，译．辽宁：万卷出版公司，2011.

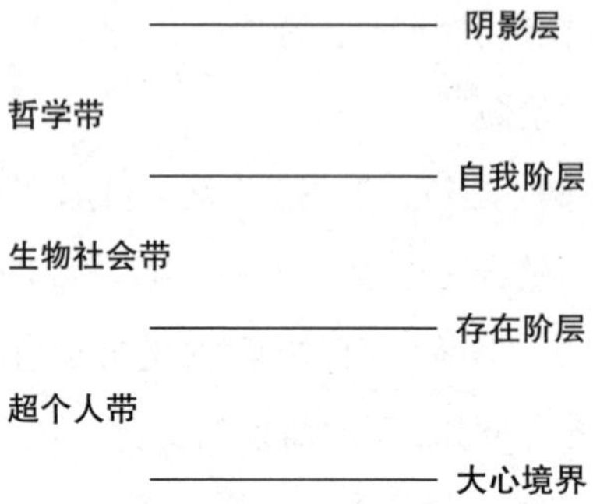

——————————— 阴影层

哲学带

——————————— 自我阶层

生物社会带

——————————— 存在阶层

超个人带

——————————— 大心境界

图10-5 肯·威尔伯的意识光谱示意图[①]

本来不可说的东西非要说的话，总要有个凭借。我们就先借用辛弃疾的一首词来表说："少年不识愁滋味，爱上层楼。爱上层楼，为赋新词强说愁。而今识尽愁滋味，欲说还休。欲说还休，却道天凉好个秋！"

这其中的"愁"和"说"是有冲突的，当你知道要去说"愁"（本质上是当你知道"愁"的时候），"愁"已经被压抑了，而"愁"又被投射成"说愁"的分离状态。再看一首辛弃疾的名篇："楚天千里清秋，水随天去秋无际。遥岑远目，献愁供恨，玉簪螺髻。落日楼头，断鸿声里，江南游子。把吴钩看了，栏杆拍遍，无人会，登临意……"其中"栏杆拍遍，无人会，登临意"的境界外人只能尽力体会个一二吧，最终恐怕还是"无人会"。从心理分析的

① 肯·威尔伯．意识光谱［M］．杜伟华，苏健，译．辽宁：万卷出版公司，2011.

角度来讲，这个“无人会”的东西就是一种“一方面压抑，另一方面投射”而成的状态。

我们把话题聚焦于“管理者的现状”也可以发现这种压抑与投射。普遍来讲，公司的制度和管理现实就是这样的压抑和投射，管理现状向下压抑而成职业压力，向上投射而成制度、绩效，身处其中的管理者往往会困惑不已。例如，有的经理人提到“下属会抱怨工资太低”，而公司的制度又有明确的规定，自己在和下属谈及工资待遇的时候，要么选择强势告知，要么就选择“冷处理”。当管理者从下属的具体工作层面分离出来，站在公司制度的层面，制度和完成工作的分离就必定制造出这种下属与管理者的冲突。而这种冲突漩涡中的经理人并不是单一地站在制度的层面，他们还须站在完成工作、达成绩效的工作层面上来。而这种冲突却又长期而必然地存在着。

身处这种分离状态的管理层需要教练的“治愈”来弥合紧绷的心智。

了解了问题的本质是一种意识层次上的“断裂”，“治愈”的思路就很明确了，那就是“整合”。而“整合”的前提是让学员（或是下属）先看到这种“断裂”。在二元分离中的个体往往更愿意相信“眼前的景象”，而当他们“看得”越清楚的时候，往往也是“病入膏肓”的阶段。在这种情况下，外部的说服往往是毫无意义的，这也正是教练在这种境地中所面临的实况，而理解了这种实况就不会跳入这个心智的怪圈。那些试图说服的职业教练不但已经偏离了教练的本质，而且还把“岸上”的自己也丢进了冲突的漩涡中，如此不但救不了人，还会伤及自身的教练生命。

如果说“整合”是教练的有效途径，那该怎么“整合”才有效呢？

从方法上来说，管理者自身的“正念”修炼往往是有效的途径，它让人们在意识与潜意识之间建立起有效的对话。然而，当学员无法意识到“自己所处分离状况”的时候，再有价值的方法也可能显得“无聊”或“无关主题”。基于具体场景的整合之道，我们会在接下来的篇章开启对它们的探索之旅。在教练的过程当中，我多次看到，当学员意识到“自己行为层面的低效来自于自己的心智困境”时，学员对自我的整合就已经开始了。有的管理者在培训之后会建议公司对他们的下属进行类似的培训，目的就在于能与下属达成心智层面的整合与工作关系的协同。

作为教练应当知道在这样的现实中自己该做些什么，而那些看似有效的做法可能是低效的，甚至是有害的，因为那些做法偏离了“治愈”的目的。

实战篇

体悟式教练修行方法

第 11 章

开放式的体悟与引导

教练面对的是真实世界，并非只是培训课程，真实中充满了教练的机会。“冲突”是教练的机会，而不是教练或领导者回避的借口。

体悟无处不在，不只是局限在预设的培训情景中。用王阳明的话来说，就是“无往而非道，无往而非工夫”。也恰恰是这种超出结构化的、非预设的教练契机，在实际的培训现场或管理场景中发挥着重要的影响力。

当然，当我们意识到这种开放式的教练契机，这些具体的被我们拿来说明的教练技术就已经不是开放式教练本身了。作为教练，应当对这种“言说”的局限性有清楚的体会。这种描述和总结不应该成为静止的风景，而更应该是指向未来的路标，供旅行中的人们参照。另一方面，我们并不是刻意排斥“言说”这种教练的形式：作为一项技能，言说的功夫与教练并不冲突，好的表达能力往往像一款精美的游戏界面能起到“抓人眼球”的作用。除了这种“抓人的功效”，言说的功夫更应支持思维以及体悟的呈现，而不是变成牢笼。这取决于人们是执着于语言的一般语义，还是能够把语言当作审视语言运用者思想的工具。不管是书籍的阅读者还是教练活动中的受教者，如果能借助语言达到体悟，那么作者和教练者言说自然就不再是装点门面或是拒人于门外，而是具有了开门迎客的功能，让人们有机会进入充满灵性的殿堂。

因此，这并不影响我们以语言或文字的形式探讨这种教练体悟的价值，不管是我们正在关注的“开放式的教练方法”，还是之后对其他体悟式教练方法的讨论。实际上，当具备了这种由文字激发出来的教练的意识和敏感度，你在进入真实的教练场景之时更能感知文字描述的这类教练契机（就像本书所描述的教练场景）；也更能理解自己曾经遇到过的管理挑战中的沟沟坎坎；还能看清问题的真容，当你再次遇到它们的时候就可以有的放矢地把自己的管理功力发挥得游刃有余。在教练活动中或是在一个组织中，最终这种感知力和影响力的提升会真实地帮助你的学员或同事，这就是我们要达到的目的。

所谓“言传身教”，对于作为教练者的讲师而言，指的是你所要传播的管理价值并不是要求或控制学员的教条。实际上培训师也没有这种权力资源可以“管理”学员。即便对于手握职权的经理人而言，最终也会发现这种权力资源是非常有限的；依赖权力资源最终会导致失败，而且这种趋势会越来越清晰。那是因为信息技术的发展已然让市场变得透明而高效，背离“真相”的行为可以“很快”在企业经营层面得到反映。发挥你的影响力的方法只有一个，那就是面对真相，理解真相。你传达的管理原则是不是有效用的，首先要能经得起培训现场行为的检验。换句话说，如果一名管理培训师传达的管理原则或方法在培训现场的组织当中都难以有效体现，那么这样的管理原则或方法对企业管理的有效性也是值得怀疑的，会让学员感觉是参与了一场尴尬的表演。

在开场的阶段，开放性教练的契机是普遍存在的。这听起来是个好消息，却只是对具有教练意识和功力的人才算得上是好消息，因为这种契机往往是以冲突的形式而存在的：学员带着多种理解来到同一个复杂的主题面前，一旦发现有人发表了某种看法，就很容易激发不同的思考；而在开场的关键时刻，“时间的气息”和培训当中其他的阶段是不同的，在有限的时间和敏感的关注面前，“冲突”的发生虽说并不必然，却也会不时地闪现出来，这就是为什么说开场中经常存在这种教练契机的原因。

这个冲突未必是学员与培训师之间的冲突，也可能是学员小组与另一个小组之间的冲突。例如，在开场的互动中，某个小组对另一个小组的“犯规”表示不满。这种不满也可能转变为对培训师实施游戏规则公正性的不满，也有可能是对游戏规则本身合理性的质疑。在一个初创的团队中，不也是这样的情景吗？不管是以培训为场景还是以企业组织为场景构建的关系，人们的心智反应都是一样的。

冲突往往会让培训师感受到压力。有些培训师会用规避和转移话题的方法来化解这种局面。而这样做的后果是，培训师在学员中的可信度会受到影响。学员对讲师的信赖核心来自于讲师的“专业程度”，而这种“专业程度”从学员角度来看，往往是来自于讲师对内容和培训现场的把控，尤其是在培训的初期。一旦出现了对冲突处理低效的情况，学员内心对讲师的专业度无疑会画上一个问号。那些逞口舌之强的技巧和避实就虚的作法，可以让培训师暂时从场面上得以脱身，却又会让他们跳进一个新的信任缺失的火坑！孰对孰错？对于真正的教练而言是不言自明的。

身处这样的场景，正确的做法只有一个，那就是“面对”真相，这也是作为教练的根本态度，而不仅仅是控制好局面去完成一场支付酬金的商业培训。对于培训师而言，当身处此种境地，“面对与体悟”的心理状态更可能是问题解决的机会，而回避和抓住一些技巧来“救场”却只能让自己成为一名蹩脚的演员。不管是作为培训师还是经理人，都应当理解的一点是：有些类型的问题是需要你的投入才能产生正解，想运用外在的技巧和资源都是无济于事的。“面对与体悟”就是这个正解的前提。

而“面对和体悟”绝不是被动接受，否则这就成了另外一种逃避的方式。在这样的“冲突时刻”，教练投入其中往往可以激发出自身更为深刻的管理认识，而不是跳出来做好防卫的打算，甚至考虑如何发起反攻。自我教练的时刻也意味着教练他人的开始。这种投入可能是以教练不完美的形象示人的，有时甚至会被旁观者视为是失败的。心理敏感的培训师自然会对此心存恐惧，而正是这种恐惧会让那些本已身处“领导者”位置的人们放弃了拥抱真相的机会，却选择住进自我的笼子。如此一来，教练们拿什么来触动他人呢（如图11-1所示）？

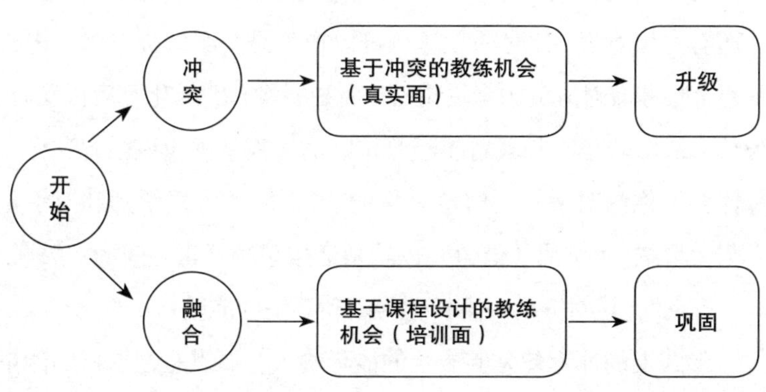

图11-1　教练在教练活动开始后面对的两条路线

在一次由企业中高层管理者参加的公开课培训中，培训分组游戏展开以后，有一名来自医院的高管学员强势提出，另一个得分较高的组的成员在完成游戏的过程中有犯规的行为。而被指责的一组也辩解说他们是按照游戏规定完成的活动，在两组几句“讨论式”的争辩之后，大家把问题归因于培训师的活动规则制订得不够精确。

现实世界就像一条永不止息的河流，身处其中的人们总是随波逐流，却不甚了解周遭的水流。人们的行为被这股水流所左右，却习惯于用自我的思维来解读感知到的现实。

在了解了这一幕的真相后，教练的机会来了：

“在一家企业中管理制度是不是都是完善的、没有漏洞的？”

作为教练，提出这个问题并非转移话题，而是在适合的时机进行引导。这就像你在打羽毛球的时候，看着飞过球网的球，需要在一个合适的时刻击打它是一个道理。

至于这句话具体应该怎么说，一定还有许多其他的版本。另外还有一层意思：此时的教练也可以说像是一名太极拳师，未必是要直接迎着对方的力量去击打，而是要将其“转化”后再发力。为什么能够转化呢？我猜想经验丰富的太极拳师应该会有这样一种体会，你的对手，同时也是你的“伙伴”，太极拳师和对手是一个“系统”，所谓“借力”也就是运用系统要素之间的“关联”与“互动”，让对方的力量转化为驱动系统的能量。

形式上的冲突却是实质上的能量输入，要点是把这样的能量置于怎样的系统结构中。一升汽油可以装进几只燃烧瓶制造破坏，也可以成为发动机的燃料让你完成一段愉悦的短途旅行。

教练此时的问题其实是转化了场景，把自己和学员拉进了同一个“场”（如图11-2所示）：

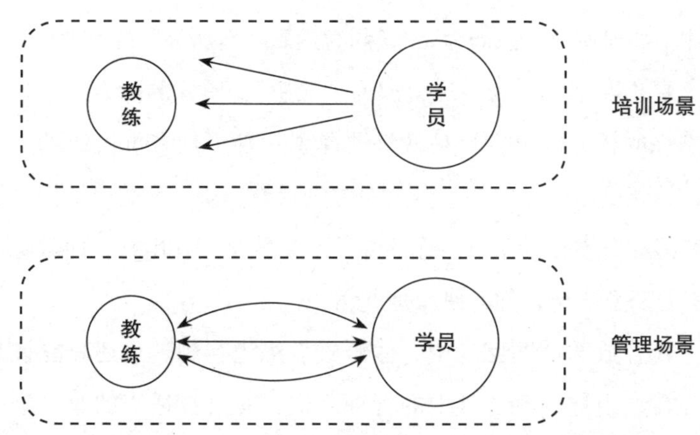

图11-2 系统的场景转换让教练和学员产生有效的关联

这个引导转化的功力来自于教练本身对管理要素的“生活化理解”，本质上是对管理的信仰，而不是把管理的知识当作贩卖的内容，一知半解地去“教练”学员。当然还有一种“偷懒”的教练选择：你可以只承担教练活动发起者的角色，对一些冲突视而不见或以冷处理的手法息事宁人。作为教练，“无为而治”的确是更好的选择，不过，这并不是说你可以心安理得地做一名“菜鸟教练”，仅仅以一些教练技术的套路来和你的“对手”过招。你的套路学得再好，对那些功力深厚的对手来讲都是不堪一击的花架子，以你的“对手”感知到的鲜活的管理来看，这些套路散发着表演的气息。面对这样的“对手”，你怎么能有效启发他们的内在心智呢?

对教练而言，“无为而治”不是撒手不管式的逃避，而是要去体悟如何避免“强而为之”，同时达到“有所为”的境地。

更不要把“无为”理解成为“无感”，感知的能力永远是教练修炼的核心部分，只是教练选择了一种更加有价值的助人之道，那就是用自己的能量激发对方的灵性，而不是简单地把自己的“感知”灌输给学员。你的学员本身就是一片山林，而教练可能只是一盒火柴，你的使命是点燃。

在开放的话题互动中，体悟式教练进行到这里还只能说是个开篇，当你洞察了其中的管理之道，并且在适当的时机进行了培训场景的管理转化之后，你还需要有具体的“法门”来启发你的学员，让他们有机会对管理问题的本质有一个快速而清晰的“顿悟”。

我所运用的方法也是在培训中自然形成的，可以称为“高简明比喻”[①]的方法。这种方法虽说并不局限于开放话题的互动中，却是把开放性话题快速而自然地收回所必备的功法。

---

① 奇普·希思（Chip Heath）与丹·希思（Dan Heath）的著作《粘住：为什么我们记住了这些，忘掉了那些？》（*Made to Stick：Why Some Ideas Survive and Others Die*）当中提到好莱坞电影制作的一种模式：高质概念（high-concept）。高质概念指的是一种电影的“原型”，如果你按照一些原型（例如探宝、大白鲨）制作电影就容易快速和观众达成共鸣。“高简明比喻”也是一种关注管理原型的比喻。

所谓“高简明比喻”就是高度抽离类比的要素而又具有简明形象特征的比喻，往往可以用简洁的可视化方法呈现比喻的内容。以刚才问到的那个管理制度的问题为例：

“在一家企业的管理制度是不是都是完善的、没有漏洞的？”

这个问题还可以转化为另一个“高简明比喻问题”：“管理者在企业管理中最有价值的工作是在以下线段中的哪个部分？”

符合制度 ●——————● 不符合制度

在表达没有歧义的情况下，你甚至可以把这个线段继续抽离为：

对 ●——————● 错

表达方面的问题并不是要点，在学员进入体悟式“思考”的状态之后，他们关注的是事情的本质，你所运用的语言也像你所担任的教练角色一样，成为激发学员体悟的符号和催化剂。所谓“道可道，非恒（常）道；名可名，非恒（常）名”，你的教练中所用的具象的“名”（形式或概念）是与学员一起“悟道”之“名”，关注有效的体悟，不必拘泥于“恒名”，却更可以理解“恒名”。

我们从管理者的角度体悟管理之道就会理解，管理者宝贵的精力不该花在处理制度已经辨析得非常清楚的管理工作，而是应该花在那些管理的“灰色地带”，也就是那些“亦对亦错”“似对非错”的部分。

类似的问题对于富有经验的管理者来说通常是心知肚明的。然而，在运用类似的开放性的体悟方法理解这些问题之前，管理者们却又往往缺乏清晰的管理体验机会，以及将这种清晰的体会和具体管理问题建立关联的意识。“高简明比喻”也可以理解为一种场景转换：把复杂的管理争论置于一个简单明了的场景当中，让结论变得清晰而富有感知。

以一个直观而简洁的比喻来收回这个开放性的对话，在实际的培训中是个高效的做法，它的前提还在于教练用超越问题本身的心智框架把问题进行了澄清，真正厘清了问题，也就看到了真相的影子，那么真相也就不远了（如图11-3所示）。

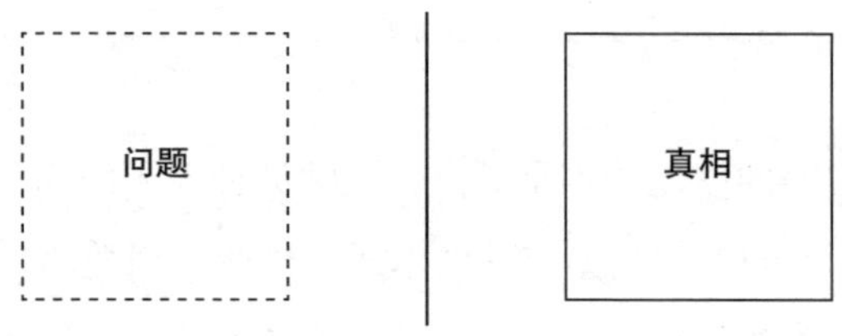

图11-3　问题投射出真相，为教练带来机会

当然，基于实际的教练场景，需要补充说明的一点是，这种开放式的引导并不一定适用于所有教练的对象。

一方面，从逻辑上来讲，开放性一旦被“套路”化，就已经不是开放性了；另一方面，这也关乎开放性的做法是否适用于你当时面对的学员。

面对着某个特定的群体，在手中的时间资源受限的情况下，对于教练而言，要考虑的是培训整体的有效性。面对心智固化的学员个体，灵感并不一定如人所愿般到来！在有的情况下，维持培训的进程和基本约定就会成为必然之选，而不是一成不变地“促动”。回到促动学员整体的教练流程上来，往往能促成个体更有效地改变。

在我的一次针对一家日资企业的班组长的培训中，在开局的互动阶段，一名学员对活动规则的质疑已经造成了她和其他小组的冲突。所以，开放式的教练有时会因为太过“温文尔雅”而难以发挥影响。培训时间在不断流逝，而开放式的沟通仍然难以激发这名学员的管理共鸣；她继续停留在自我的世界当中，对课程的时间压力似乎并无丝毫感知。在这种情况下，我用严厉的表达方式让她做出了选择：是继续参与培训还是退出？实际上，最终的结果让我看到了两个培训“意外收获”：一是这名学员立刻停止了在培训中的自我渲染行为；二是在之后两天的培训中，她的表现在我和其他学员看来完全是一种积极参与的状态——主动分享、激励同组其他学员、对培训主题的理解也快速准确……

教练的核心过程就是这样没有主线，时不时挑战一下教练者的神经又在不经意间给你惊喜！教练的这个开放性并不仅仅停留在方法和形式层面，最终教练会因为保持开放性的方法而感悟到教练的价值所在，有机会让全场的人（不光是学员，还有教练本人）都得到心灵的成长。

如果用图来总结一下这种教练的套路，或许应该如图11-4所示：

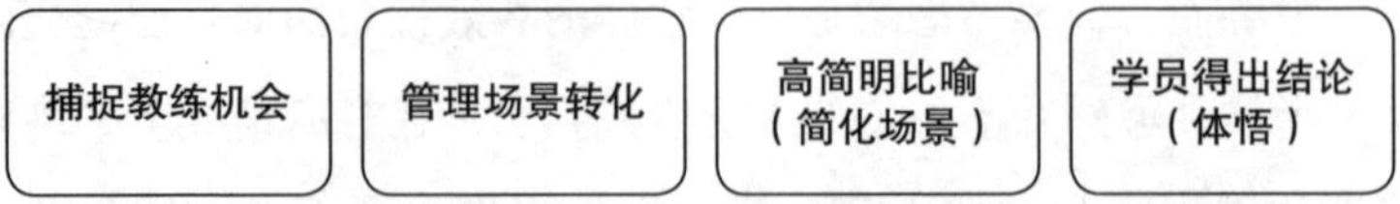

捕捉教练机会	管理场景转化	高简明比喻（简化场景）	学员得出结论（体悟）

图11-4　拥有时机意识，理解管理原型是开放式体悟教练的要点

然而，不管我们总结出了多有用的套路，都要知道“套路”之上的开放性才是教练的灵魂所在。

第 12 章

游戏在“三个世界”

一个互动游戏往往有多维度的体悟机会，具有整合意识的教练会发现一个游戏中的多个教练机会，也往往会在游戏中发现“新的世界”。

常用的培训游戏往往不复杂，而“操作”这些游戏的教练不同，其运用效果就会存在很大的差别。同一个游戏在有的教练眼中只是一个“暖场游戏”，而在有的教练眼中则是能开启学员深刻管理体悟的“重要游戏”。游戏的运用效果为什么会有如此大的差异呢？这就需要教练去思考：一个经典的游戏包含了哪些教练资源，这些资源又该如何充分运用呢？

游戏被设计出来或从生活中呈现出来，往往有其特定的目的或生成环境。对于教练来讲，需要有一双火眼金睛来看透一个游戏投射出了怎么样的管理“原型”，之后才有可能真正地运用这个游戏，而不是掉进游戏外在形式的迷宫，失去教练的主要方向。这恐怕就是“你玩游戏”还是“你在游戏中玩”的差别所在了。这双火眼金睛并非先天造就的，而是在真实的游戏应用中用心智触摸和把玩才能长成的。有了这种“眼力”之后，游戏的应用者还可以自如地对游戏进行创新。

教练在对游戏有了体悟之后，在教练学员的过程中就不仅仅是置身游戏中的教练者，而是在“游戏”和“管理场景”这“两个世界”当中来往穿梭的引路人，如此才能更好地教练滞留在单一世界中的人们。这就像经历了许多生活场景的智者更容易去启发一名涉世未深的年轻人是类似的道理。

当教练来往于管理和游戏世界之间的距离更短，心智的切换也更为频繁的时候(你可以把教练理解为一个身形更为敏捷的“对手”，这种敏捷不是肢体在现实世界中的自由移动，而是来自于心智世界与现实世界的整合)，教练本身就更容易把握或者感知管理现实和游戏之间的相关之处和差异所在，也就是位于事实和游戏模拟之间的“真相世界”。或者说，“真相世界”就是以“现实世界”和“游戏世界”这两个面目展现出来的。那么，对于一个经典游戏而言，这个模拟状态和管理实相是有丰富的“对应点”的，在教练的心智地图中能够清楚地看到这些教练的机会。

教练的思维实际上是有两个甚至多个并行的“世界”，而学员往往会局限在管理的世界或者培训的游戏世界里，他们的心智在某个单一世界中往往是不完整的(如图12-1所示)。

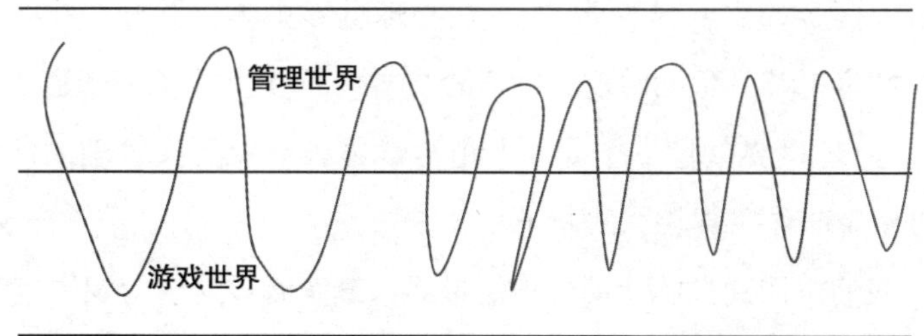

图12-1　快速切换的教练心智世界

以经常用于开场的游戏“叠罗汉”[①]为例，这个与游戏世界并行的管理世界是什么样的呢?

第一个“点”来自于学员对自己心智的认知。这个游戏在开始的时候，如果每一组的人数比较多（例如超过10人），那么大家通常会觉得这个游戏难度太大不容易完成，以至于在五六个人的情况下学员也会表现出这样的反应。一旦游戏超出了日常的认知，人们就会害怕失败而不敢去突破，哪怕只是尝试都觉得有压力。

在管理的场景中，当人们接收有压力的陌生任务时，往往也会有这样的反应。游戏激发出来的心理体验和真实的管理场景中的心理体验是相通的。也就是说，如果我们把图2–5中的“两个世界”当作是一个层面的世界的话，那么，在这两个世界的下层，“心理世界”当中，产生这些“点”的源头是一致的。这个世界是教练的“第三个世界”（如图12–2所示）。[②]

如老子所言:“故恒无欲也，以观其妙；恒有欲也，以观其多徼。两者同出，异名同谓。”在心理世界中体悟其妙，在有形世界中审视其具象的端倪，而心理世界与现实世界统一于道（真相）。心理世界就像一个漏斗，把游戏体验以及真实管理的体验漏进一个叫作“真相”的瓶子。

我们再回到教练活动的表层世界，继续看看这个游戏中有哪

---

①“叠罗汉”是一个常用于培训开场的游戏，参与游戏的人围成一个圆圈依次做自我介绍。介绍的方法是“爱好 + 绰号”。下一个要介绍的人要把其前面所有介绍过的人的“爱好 + 绰号”重复讲一遍。

② 在游戏场景和管理场景当中观察到人们的行为选择有着一致的心理动因，因此说“心理世界”是更为底层的世界，也是教练不可或缺的认知世界。

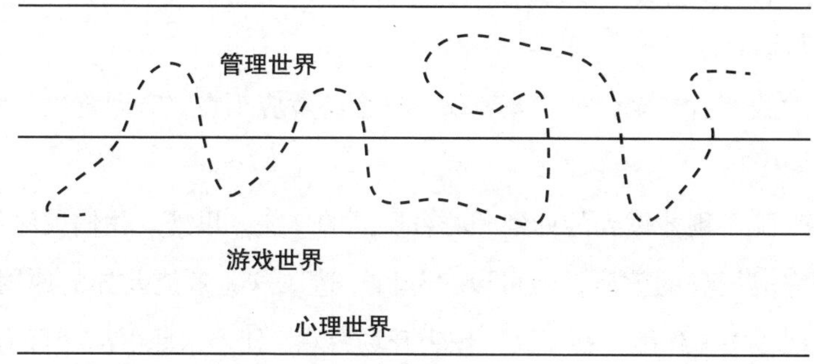

图12–2　管理世界和游戏世界都在心理世界投下影子

些可以相互参照的“点”。例如，团队的“气场”可以理解为“士气”，事实上也就是“情绪场”。在“叠罗汉”游戏中，个体的负面情绪很容易影响到其他参与者（尤其是那些正在进行自我介绍的参与者）的情绪状态。这就是一个微缩了的富有情绪传递的团队空间。这个情况在真实的管理世界里虽然不会显现得如此直白，却毫无疑问是真实存在的。

这个游戏中能够看到的管理要点还有沟通和肢体语言影响的内容。例如，游戏中有了肢体语言的辅助就能提升表达的影响力，还有取名的简洁性以及相关性（所取名字和参与游戏者特质的关联）的考虑，当然也可以和管理计划相关：对于这种陌生任务，常规的计划往往并不能带来效能，而过度的准备却注定失去机会。这些“点”最初都不是游戏在开发中准备好的，而是在玩游戏以及分享交流中“涌现”出来的。其实游戏同样是一个真实的世界，如果教练们只是把游戏当成“逢场作戏”，那么被“游戏”的就是他们自己了！

我有时甚至会把“叠罗汉”这个游戏应用在“时间管理”的主题中。

除了刚才提到的计划和心智层面的“点”以外，我们关注每组完成任务的效能，就可以“分析”造成这些效能差异的原因。在课程中，我用“叠罗汉”作为开场游戏，便能由此引出“行为”与“心智”两个不同层面的因素对效能的影响。由开场互动引出课程的核心理念，是一种自然而然的引导过程；学员在游戏之后，有机会体悟自己的行为对团队效能的影响，以及自己的行为对自身效能的影响。一定有其他设计形式更匹配的游戏可达成这样的教练目的，而那是未来有可能要设计的内容，满足现有的教练需求，这个“库存”就够了，无需添置其他的家当。

在运用游戏和培训道具以及技术的时候，老子的话值得思考：“洼则盈，敝则新，少则得，多则惑。”[①]

在做完这个游戏之后，你可以这样引导学员：“请大家总结出对这个任务的效能有影响的因素！”

在分组讨论之后，每组往往会给出自己的要点。那么接下来的一个问题就是：“在这些因素中，哪些因素是行为层面的，哪些因素是心智层面的呢？”

这样的引导能激发出学员关于效能深入结构的思考。有了游戏的桥梁，学员对宽泛而具象的管理（或职场体验）就生成了一

①《道德经》帛书本第六十七章。

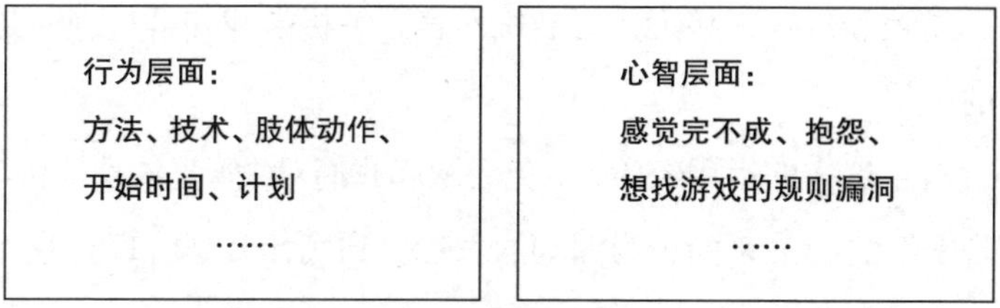

行为层面： 方法、技术、肢体动作、 开始时间、计划 ……	心智层面： 感觉完不成、抱怨、 想找游戏的规则漏洞 ……

图12-3　游戏的总结成为管理总结的“替代模型”

个简洁而富有感知力的“替代模型”（如图12-3所示）。

当学员把这些因素解析分离出来的时候，也会发现，有些因素是行为和心智层面共同作用的，甚至很难说是心智因素还是行为因素。

在这种情形下，具有“分析强迫症”思维倾向的人会感到抓狂，如果不把所有的因素清晰地整理出来，简直会让他们寝食难安。主流的“二元分离”的教育思维在这类场合往往又开始指手画脚了。

既然分不清楚，为什么要分离这两种要素呢？就是由于“分离—整合”教练思维的应用，有了解析的困惑才有体会的机会；另一方面，这种“傻傻分不清楚”也恰恰是效能的真相，行为和心智因素交织在一起最后出现了效能的不同。了解了这些影响效能的因素，在另一个层面上，学员也能够理解，最终任务完成的速度是在行为的直接作用下产生的结果，例如：不管是因为“内心的压力情绪”还是“过度的计划性思考”，没有直接开始任务的这个具体行为总是一个滞后完成任务的因素。

游戏和现实很接近，对教练而言，解析游戏和解析现实是类似的。

有了这样的运用经验，不免会激起我们对“管理游戏”和“管理现实”之间关系的更为深刻的思考。到底什么是管理游戏而什么又是管理的现实呢?

游戏行为在人类行为当中是普遍存在的，而作为人类行为现象的游戏本身既是游戏又是现实。婴儿在几个月大的时候，就已经会用“游戏”的方式来和自己的父母进行互动了。

而我们所说的“管理游戏”往往是那些人们设计发明出来的群体互动方式。

在培训中能够有效运用的管理游戏，往往包含了一般意义上的游戏的激励因素，可以让管理游戏的参与性与娱乐性变得更明显。然而，并不是具有激励因素的游戏都可以作为管理游戏。例如，“麻将”是不是一种教练可以运用的游戏呢？虽然从麻将中感悟人生并不是什么新鲜事，但打麻将的人恐怕没有几个是为了感悟人生才选择这种游戏方式的吧！教练所看重的首先是游戏的启发意义而不是娱乐性。

如果教练因为游戏的娱乐性而采用它，显然是本末倒置了，主要也是没有看到这个游戏的真实价值。对于作为商业产品的“网络游戏”而言，开发者挖掘的是人类大脑中的“奖赏系统”①的能量。教练运用的游戏是不同的，它更多关注的是人类的大脑

① 奖赏系统是大脑中和欲望有关的系统，是人类最原始的动力系统的一部分，能激发人们在接收到外部诱惑信息的时候采取行动。

新皮层的“进化”，许多教练场景是帮助人们从“欲望大脑”和“情绪大脑”当中解脱出来，而不是“享用”它们制造的满足感。

另外，管理游戏的复杂性在于它需要符合一个培训课程的条件限制。例如，“围棋”这样经典的游戏也可以成为管理培训的游戏。而事实上，太复杂而难以聚焦主题的游戏，在培训项目中往往难以实现有效运用，也不值得去运用它们。在课程开发的时候，有些开发者为了设置课程内容的门槛以防抄袭，会采用增加课程互动形式复杂度的方法。这样的做法或许可以有效保护知识产权，却并不是课程内容设计的本质需求。当然，也有企业用游戏化方法来管理团队甚至是整个组织，这种情景当中，缺乏复杂的游戏系统又是难以胜任管理需求的。

实际上，那些有效的管理游戏往往揭示了某些管理的“原型”，这才是管理游戏的有效内核。从这个意义上讲，管理游戏就是被抽象到一定程度，适合培训场景的管理现实（这其中也应当包括培训师常用的管理场景的演练）。一般管理游戏与管理场景演练的不同在于：管理游戏揭示的往往是“系统关系”，由真实世界删繁就简而来（例如“啤酒游戏”）；而管理场景演练正如其称谓一样，是通过模拟来呈现角色在典型管理场景中的行为选择与心理体验。而实际上，一些可以由单一个体参与的心理测评之类的互动（或者由培训师与学员一对一的互动）也有管理游戏的效果，那是因为这种测评或互动也能给学员带来新的心智体验。需要说明的是，管理游戏并不都是复杂的现实世界简化而来的，有时候也是熟视无睹的“简单”管理现实的显性化。管理游戏本质上是它所指向的形式更适合人们的心智“消化吸收”。

借鉴法国学者罗杰·凯洛斯（Roger Caillois）对游戏的四类划分方法[①]，我们可以看清楚管理游戏和角色扮演的位置（如图12-4所示）：

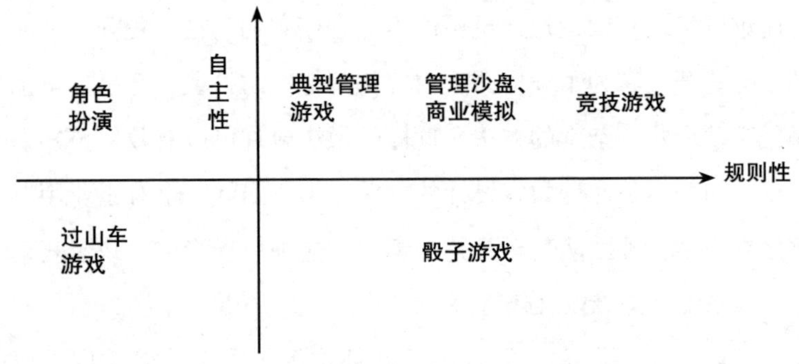

图12-4　四类游戏的划分方法

典型的管理游戏是用规则来挑战自主性（尤其是心智的自主性）的过程。归结而言，管理游戏的核心还是在于心智的换框。教练所运用的游戏就是一种现实世界的“比喻”！这种“比喻”更多运用于那些难以理解或被蒙蔽了的管理道理。就像一名小说家往往会运用生动的语言来描述对世界的感受一样，成熟的教练也往往善于用游戏来描述复杂现实世界背后的真相。而在运用这

① 黄石，付志勇.游戏策划与管理［M］.北京：高等教育出版社，2012.

个“比喻”的时候，教练应当明白：一个恰当的比喻中包含了多个指代的因素。

这样看来，教练是活在多个“平行世界”中的一群人。无论是管理游戏的世界，还是管理现实的世界，都是一种教练和学员对话的形式。

第 13 章

管理体悟与管理游戏运用创新

管理游戏的有效运用来自于教练的体悟与创造，也就是说，成熟的教练必定是能创造管理游戏的教练，这种创造来自于教练自己对游戏的体悟。一次成功的培训项目之后，教练或许更应该问自己在哪些方面“被教练”了！这种受教的体悟正是教练们下次教练的重要资源，也是对教练方法进行创新的源头。

培训游戏的资源是很容易找到的。你可以在一些书籍或网上找到成百上千个游戏方案，这其中也不乏经典的管理游戏。对于一名培训师而言，这些游戏的基本运用也并不困难，然而不同的培训师对游戏资源的应用却有可能大相径庭。有的应用能够在学员的心智层面涌现“顿悟”，而有的游戏只是场乏善可陈的“玩乐”！为什么有的人只是“看山是山、看水是水”，而有的人却看出意境、悟出“空灵”了呢？教练所看到的不同境界还是来自于自身顿悟的状态。如果没有一双和世界融合的眼睛，即便有足够的培训工具和教练资源，教练所“看到的”东西也往往难以启迪他人。

前些天我参与了一个人格测评工具的沙龙，其中与会的 HR 管理者和培训师们对这个测评工具的讨论，也能反映出游戏和教练的这种关系。在沙龙现场，沙龙的组织者对自家代理的这个测评工具自然是夸赞有加，而人力资源管理经验丰富的与会者们，对测评工具在应用中的多个方面提出了疑问。面对这些疑问，测评顾问没有办法从测评方法本身做出什么有说服力的解释，只能拿出实际操作的案例加以说明，如此一来，刚才的那些疑问就有了解决的方法。通过和测评顾问的讨论，大家得出了结论：工具不可能一劳永逸地解决问题，真正解决问题的因素还是运用工具的顾问以及顾问的智慧，而运用哪种测评工具并不是解决实际问题的核心（如图13-1所示）。

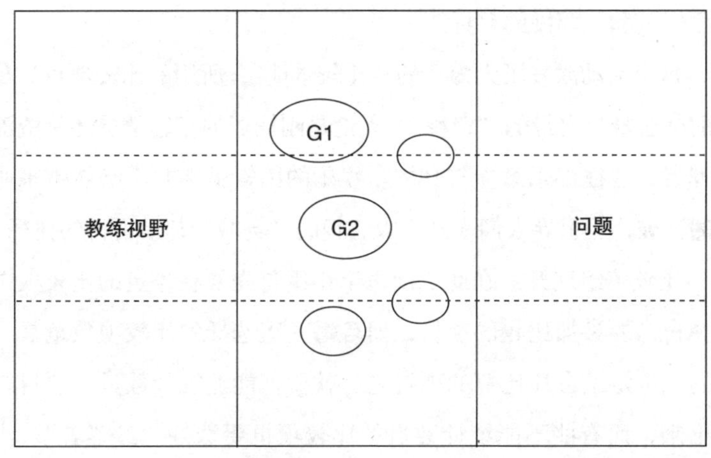

图13-1　教练的游戏运用路径取决于教练视野以及教练对问题的理解

举个例子来看看培训游戏中的管理体悟：

有一个学员们乐于参与的管理游戏叫“资源竞赛”，操作的方法是这样的：给学员设立一些比较项，例如，项链、某个品牌的手机、钱币、银行卡等随身可以找到的东西，基本的版本是比较这些东西的个数、长度等；也可以来点创新，比较一下动态的“特质”，例如，跳得远，摸得高（当然设置这些条件的时候要注意场地条件和安全因素）；还可以设置一些模糊因素（例如，长得帅，人缘好等）。比较条件的设置当然和教练的主题相关。例如，这个活动用于教练“目标的有效性”的时候，一些简单明了的比较项目和模糊的、令人心智困惑的比较项目，就是模拟了“明确的目标”和“模糊的目标”。

这个活动激发了人内在的“比较本能”，所用的比较项目又是眼前甚至身上自带的“资源”，无论是刚毕业的年轻学员还是资深管理者，往往都乐意参与其中。娱乐的因素虽然并不必然带来心智的突破，但引导人们来到启人心智的“场域”却是可行的捷径。

比较按组展开。在此之前每个小组首先要在设定的比较项中选择自己要参加比较的项目，而且每一组选择的比较项数量是一样的。选定了参加比赛的项目之后就要把能够统计数量的项目统计出来，而有些不能统计数量的比较项也要选好“参赛者”。当这些都准备好之后，比赛就可以开始了。

比赛的规则是，领先的组依次得分。例如，在五个分组的情况下可以设定前三组得分，得分的分值可以设定为3、2、1，所有比赛完成以后总分高者获胜或依名次得分。规则当中有一项特殊规定，那就是：如果所比较项目只有某一组选择，那么该组就可以独得6分。

经过一番热闹的参赛准备，各组（以五个分组为例）拿出的参赛成绩可能是这样的（如图13-2所示）：

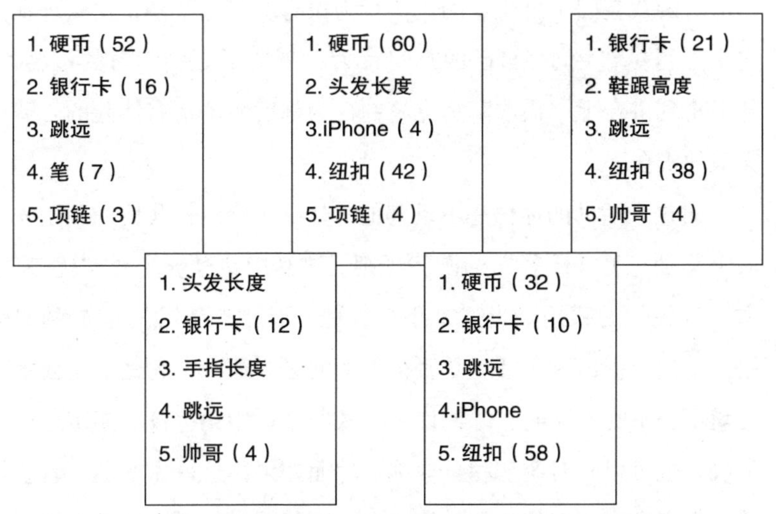

图13–2　比较项和“资源竞赛”游戏中各组的资源情况

如果是为了解读目标管理的要点，那么这个活动往往能激发学员的体悟。各种参赛项的属性是不同的，这和目标管理中的SMART原则是有所对应的：有些明确，有些模糊，有的可测量，有的测量成本高，有的甚至于是难以测量的。另外，独特的选择获得更多分数的设计是为了告诉学员，另辟蹊径的选择往往可以带来丰厚的商业回报，这个行为可以被理解为选择了“蓝海”。

当然，在活动中各组成员呈现出来的行为也往往创造出了开放式的教练机会。例如，各组“情报收集”的意识往往会有差异：有的小组属于埋头苦干的分析型；有的小组会派出“间谍”刺探其他小组的情报。每个小组的气质往往并不相同，行为上也各有门道。游戏空间中发生着的真实行为没有对错的禁锢，比管理现实中显得更自由了；自己的真实行为也创造了更多学习的机会，甚至来到讲台上“盗取”马克笔的行为都潜藏了富有体验的心智突破的机会。

对这个活动的体悟还不乏其他的教练机会。让我们回到刚才那个奖励“另辟蹊径”的游戏规则。这其中也蕴含了对“优势”和“劣势”的感悟。当某个小组人数和其他组人数有差异的时候，学员会提出这个活动是否公平的问题。那么，它到底是公平还是不公平呢？这时教练或许可以武断地运用角色权威搞定这个争议，也可以临时改变积分规则。然而如果你这样做的话，就会瞬间失去富有真实气息的教练机会。现状就是这样，如果教练在此时保持现状的开放性，并没有急着给出答案，学员就多了一个感悟的机会。这种“不急于给出答案的状态”类似于教练提出问题后学员的沉默。不管是对于学员还是教练，这种沉默通常是有价值的，是让体悟发生的时机。例如，在上面的比赛情形中，第四组选了“手指长度”这一项作为比较项，由于其他组并没有选择这一项，第四组因此可以得到此轮比赛的全部得分（6分）。那么，真实的情况的确是因为第四组拥有“最长的手指”而获胜吗？事实并非如此，真实的情况只是因为他们做出了“选择这个项目”的判断而得到的分数，而并不是因为他们在现实中拥有了这样的“资源”。

那么，到底什么是“优势”，什么又是“劣势”呢？小组人数的多寡固然可以影响其资源的优劣，而真正的优劣却来自于管理者的心智因素和其他的一些有效管理者行为，例如，对问题本质的分析和相应的情报收集计划等。

事实上，当学员超越活动本身产生了管理体悟，没有谁会再去关注小组人数与游戏的“公平”与否。那么在当时学员提出“公平与否的质疑”的时候，教练所要做的也就不应该是平息这个争议，而是去关注解决情绪上的问题（如果情绪的波动影响到学员的参与的话），促动学员投入活动中去。解决问题、看到真相才是解决情绪问题的根本。当登上山顶看到辽阔壮美的风景时，你还会介意一路上的磕磕绊绊吗？恰恰是这种心智的“分离”会带给你更有效的“整合”。

活动中也会产生彼此互惠的小组行为。A组把笔给了B组，而B组把硬币给了A组，这往往是一种自发行为，甚至表现为一种“偷偷摸摸”的行为。实际上这并没有违反游戏的规则，人们往往遵从着自己头脑中的“潜规则”行事。在游戏的环境当中，虽然这种互惠行为不够光明正大，却很容易发生，这就是游戏场景的促动价值。在复杂或陌生的环境中，被束缚了的思维在一种简单安全的环境中被释放出来。经过了这个过程，思维在游戏对应的真实复杂的环境中得到了跃迁：有人将这类方式叫作“催化手段”的确是非常形象而准确的。进一步的思考会带入到管理的场景：在类似的管理环境中人们的行为会怎么样呢？有效的行为是如何发生的呢？身处其中的管理者获得的启示有哪些呢？当体悟产生以后，这些后继的理性思考当然也是重要的。体悟的那一刻往往是非理性的，而体悟式教练从来都不是漫无边际的，体悟的灵感需要理性的瓶子收集起来。

感悟到的内容对理性的思考起到的作用往往是思维层次上的

突破，而理性思考是对感悟内容的封装。

这可以理解为一个从现实到梦境然后再到现实的一个过程，就像化学家凯库勒发现苯环结构的过程是一样的。当然，你也可以把这个过程比喻成一个“三明治”，理性的管理认知包裹着体悟的“芯”。要“有料”，也需要用“皮”夹住“料”。如果我们用“U 型理论”的语言来描述的话，就是经过一个“自然流现”① 的状态，产生创新或领导力的提升，这个过程不管是对于心智突破的个体还是群体都是存在的（如图13-3所示）。

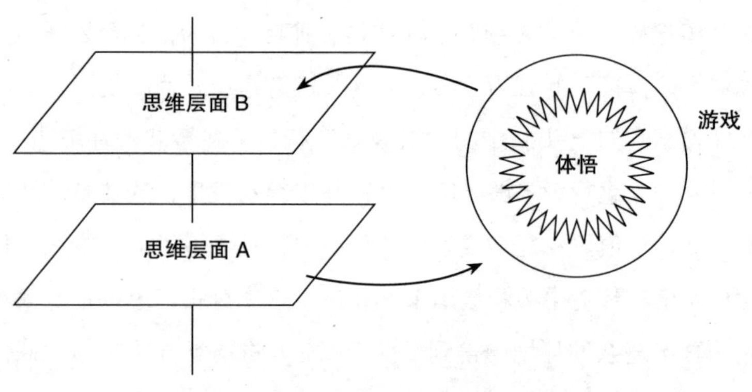

图13-3 思维飞跃往往通过体悟达成

也就是说，“游戏世界”和“管理世界”的对应中有体悟的

① 奥托·夏莫在其著作《U 型理论》中提到的意识进入深层的“涌现”状态。

机会。同样的，“游戏世界”和“管理世界”的差异亦可以带来教练机会。例如，游戏往往只规定了角色，而忽略了角色的个性，那么这种差异就产生了对不同个性角色的管理教练机会。所谓“一阴一阳之谓道”，真实的管理世界是为“阴”，而抽象的游戏世界是为“阳”。对于教练者而言，把握了这个阴阳互用的“教练之道”，就可以左右逢源了。

这其中的体悟与思维层面的提升有时候并不是来自于学员单方面的，也会促进教练的思维进化。即便在一个既定的管理游戏中，因为参与者经验、培训现场沟通状况等因素的差异，也会给学员和教练带来不同的体悟（如图13-4所示）。对于一名资深教练而言，一个简单的、运用了数百次的管理游戏也有可能“涌现”出新的体悟，更不用说那些隐含了经典的企业管理原型的游戏了。

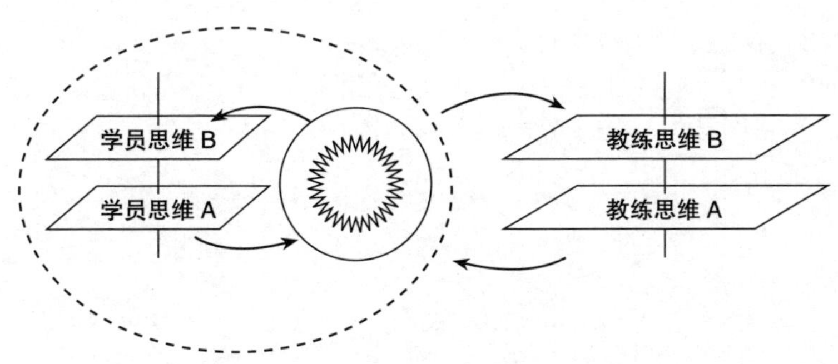

图13-4　针对学员的教练场景同样会促成教练者思维突破，带来了教练方式创新的机会

例如，在“企业管理角色”或者叫“迷你企业”①的经典游戏中，不同企业学员对游戏中不同层级的角色体悟有相通之处，也会有个性的差异，有些个性的体悟对其他学员甚至教练都有深刻的启发意义。

大千世界的确是气象万千而不只是狭隘的套路和模式。教练运用的游戏资源可以是多元的，也可以是单一的。关键价值在于充分运用游戏资源激发学员对教练主题的投入和心智突破。在这个应用与体悟过程中，教练对游戏或其他教练工具的运用将变得更加高效，创造性的运用也是必然的。

①“迷你企业”是一个经典的培训游戏，模拟了企业决策层、中层以及执行层的组织原型。通过游戏活动，参与者往往可以体会到企业各个层级沟通中存在的问题和解决的机会。

第 14 章

让身体说话——真正的“体悟”

当“理论”无法令人信服，“体验”就成了信仰！在那些需要人们摸索的，充满着未知和危机的境地中，让身体说话，让情绪做出判断会更加“靠谱”！

电影大师黑泽明的经典之作《七武士》中的一个片段令人印象深刻：日本战国时期，社会混乱，一个饱受山贼之害的山村为了保护将要收割的稻谷和村民的安全，想雇佣武士来对抗即将下山抢粮的山贼。运气不错的村民遇到了一位有正义感的年长武士，在其带领下终于凑齐了七名武士来保护村庄（根据山村的地形，七名武士是守卫村庄的最少人数）。布防完成后的一天夜晚，两位武士首领来到一处重要的路口巡视。

把守这个路口的武士菊千代正酣然而睡，旁边点了篝火，长刀插在一旁。这显然是个令人恼火的场景，一旦此时山贼进攻，他们所有的努力都将化为灰烬！两位武士首领该如何教练他们的这个部下呢？

只见他们悄悄地拿走了菊千代的长刀，躲在了旁边的一个稻垛后面，捡起一块石头扔向菊千代。被惊醒的菊千代在慌乱中抓不到武器，便随手从地上拿起一截用来点火的木棒狼狈应战。

两位武士首领此时从稻垛后面走了出来，说道："菊千代！幸好是我们，是山贼的话你已没命！"

把长刀扔给菊千代后，两位武士首领消失在了夜幕之中。平日里个性张狂的菊千代沮丧地跪在地上，埋头陷入沉思。

此时此刻，如果说武士首领成功教练了桀骜不驯的菊千代，那么其中的核心就是运用模拟场景激发了下属的失败体验。对于以武士身份为荣的菊千代而言（在剧情中，农民出身的‘菊千代’的武士身份都是靠偷盗别人的家谱自我标榜得到的），正是这个击中要害的体验促成其顿悟。

如果这个教练版本换成武士首领快步上前把菊千代唤醒甚至用脚踹醒，接着大讲利害关系以及兵家攻防要义，这样的教练效果可想而知！

光说不练假把式！人们更愿意相信“练出来的结论”，尤其是自身“练出来的结论”。

要让教练效果发挥出来，能够以切身的感受来解读管理要素才会更实际地帮助到受教者。人类本身就是体验的动物。例如，人们对嗅觉的记忆就比对书面信息的记忆要深刻而持久。人类情绪的进化就是从嗅觉系统开始的。所谓的情绪就是人们对环境典型而集中的反应，是被“总结”了的体验！说教看似高级，而学员最终并不是因为教练的说教能力强而得到启发的；即便是对于有左脑倾向的学员而言，说教的方式让他们对道理的理解往往只能达到“知信”的地步，而“信服”的状态缺乏了体验是难以达成的。

如果说到“面对未知领域以及模糊地带进行管理”的领导力，这种“体知”更是必要条件。当没有一个可以信赖的理论能够指导前行的时候，切身的感受就成了“信仰”。教练和学员就处于这样一种环境与关系中，教练不可能也不应该为学员提供“信仰”。学员更相信自己的“身体感知”和身在其中所生成的情绪：“身体不会欺骗自己”；情绪的深刻性毋庸多言，某些经历当中的情绪体验甚至会跟随终生。

接下来，我们用一个管理者责任的教练话题来说明。

在主管和下属的关系中，有一个敏感的话题，那就是责任归属的问题。如果工作出了问题，那这个责任算谁的呢？因为工作的复杂和情景的变化，即便在成熟的企业组织当中，责任归属也不是一个简单的计算题，难以算得清楚；而责任归属的方法和“组织成员之间在归属责任中的互动方式”却包含了领导力的核心资源。这个“讨说法”的过程就是一个企业理解责任的过程，那些理解了其中内涵的组织也往往是解决了这个问题的组织。

虽然有的组织文化能够较好地解决这个问题，不过在多数思维固化的组织中，对责任的归属总是要有一个明确的说法！

如何设置一种体悟式的情景来展开教练呢？在培训中可以运用一个叫“大拇指令”的简单游戏来达成教练的效果。

这个游戏中之所以充满了教练机会，是因为它的设计几乎是真实的管理情景重演，只不过运用了一些培训游戏的形式而已。这种和现实高度对应的管理游戏往往能够成为开展教练的经典话题，例如像“迷你企业”“啤酒游戏”等诸多经典的培训游戏都体现了这种特质。其中的关键就是游戏设计抽离出了管理现实中的要素和要素之间互动的关系。也就是说，找到了这种管理情景的“原型”。

我们来看看这个管理者责任的游戏原型：

游戏本身借用了培训的分组模式，小组的组长就是管理场景中的主管，而在培训的现实中也就是小组的“主管”，培训的小组带领和日常的团队带领高度对应。

接下来的游戏任务要求是这样的：

当各个小组一字排列站好以后，培训师要求大家伸出大拇指并发出口令。当培训师喊“向上”的时候，各组学员要用大拇指做出“向下”的动作。同样，当培训师喊“向下”的时候，各组学员也要相应做出“向上”的相反动作。当然，伸出大拇指只是一种互动的形式，你也可以用手掌翻转或其他方式代替。

这个游戏可以用在多个培训场景当中，当然把它用在管理者责任的话题中也是自然而然的事情。这正是游戏与管理原型契合的缘故。有了这个主管加团队的原型，作为教练的你就可以对具体执行的任务自行调整了，例如你可以增加这个活动的难度：在第二轮活动中可以调整口令为“交替按照我的口令执行”，也就是说第一次要符合口令，第二次和口令相反，这样交替执行口令；你甚至可以增加一个“左右”的维度，让互动变得更具挑战性。在实际操作中，这对许多学员带来的挑战足以创造出适合的教练资源。毕竟现实的管理环境就是这样：有简单也有复杂，有熟悉也有陌生，而身处变革中的人们会时常面对陌生而复杂的工作。

那么在现实的团队带领中，主管的工作和员工的绩效一般是具有某种相关性的，这个事实在管理游戏中也需要体现出来。具体怎么做呢？

作为教练，在游戏开始之前，需要创造一个让各个小组的组长发挥领导力的机会：由组长带领大家讨论或者排练这个即将展开的“工作任务”，让这名小组的“主管”发挥领导才能，融入团队的任务当中，因为这正是在模拟真实的管理原型中“领导者—下属”关系的要素。许多任务的达成，除了一些相对稳定的因素，如设备、流程、数据和技能等因素，工作效果也受到“员工工作状态”的影响，这种来自于微妙的心理变化的影响有时候甚至是决定性的。这就需要团队管理者发挥同样微妙的领导力。在这个游戏的设置中，自然就需要给领导者发挥领导力的机会。

当任务被执行了几轮之后，做错的组员会被淘汰出局，各组统计之后会得出淘汰出局的人数。这就相当于每个团队展示了不同的工作绩效。此时，作为教练，你需要提出那个大家必须面对的问题:“这个责任由谁来承担？”按照游戏的规则，被淘汰的人数就是这个小组每人要做俯卧撑的数量，当然你也可以调整为其他风格的“惩罚形式”。这个“惩罚”就是在组织中大家都不愿意承担的责任，这才是这个游戏的核心环节。面对责任压力，领导者会真实呈现出怎样的管理行为呢？如果你以“说”的方式来分享，那么在学员头脑中往往只会留下领导力的知识，而这种知识很难成为素养。“说”很容易，但“做”才是真正的领导力；而“知道”往往会让人喜欢说，“感受到”才更容易让人投入去做。

这个环节，充分的开放性往往为学员的体悟创造更多的机会。对一名真正的教练来讲，“开放性”是朋友甚至是生命，而不是需要防范的敌人。也正因为如此，一名真正的教练才能熟悉和体知这种“开放性”。对于那些一心防范“开放性”并视之为陷阱与沼泽的职业教练来讲，他们可能是不错的表演者，却并非真正的教练。一名优秀的表演者也和一名真正的教练一样，是拥抱开放性的。他们享受表演中灵机一动的创造，而不屑于对口型式的摆拍。

教练和开放性的关系（如图14-1所示）：

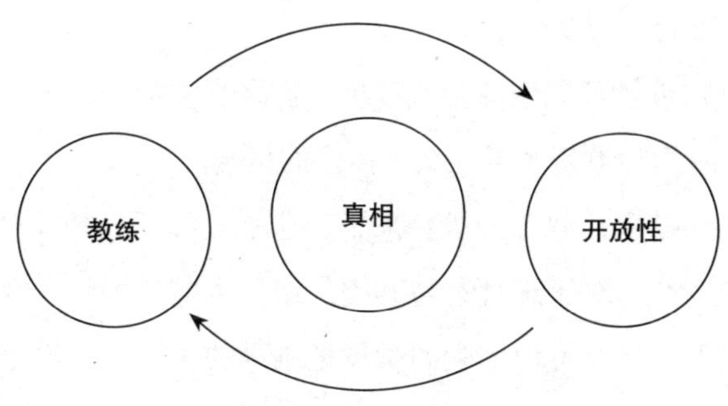

图14-1　教练在与开放性互动中接近真相

当我们足够开放，恰恰教练过程反馈给我们的真相是封闭的（确定的），真相只有一个。在这个责任游戏中你能看到的通常是以下的情况：有些小组选择谁做错的谁接受“惩罚”，做错了几个就做相应的俯卧撑；有些小组出现了团队成员相互帮助的情况，例如由身体强健的某个男生代表全组接受惩罚，其他成员变身“拉拉队员”；也有的组由组长代表大家接受了惩罚。而这其中还充满了富有喜剧性的细节：有的组长权威感十足地指定组员接受惩罚任务，有的组员“很仗义”地陪伴接受惩罚的组员一起做起了俯卧撑……

身处不同场景中的学员体验是不同的，不管是否做了俯卧撑，也不管是否是“被迫”做的，在这样的管理互动中，体验到的情绪都是清晰而鲜活的。那些主动担当了责任的学员往往能感受到自己行为的体验进入到一种愉悦而富有意义的状态。这种状态是一种真实的成就体验，这种成就感甚至在真实的团队工作环境中都是不容易感受到的。

一个贴近管理原型的游戏展现了许多真实的管理场景中的细节，也同时为学员带来了这么多体悟的机会。

当活动结束，教练的机会来了！这个教练不只是针对刚才的“团队领导者”，对于亲身参与其中的组员也同样鲜活。在这个时空中，只需要具有鲜活体验的学员把刚刚的感受分享给全体学员就可以了。当学员们理解了刚刚发生的就是真实的管理，管理的真相也就在自己的身边了，无论是对于做了“自己应当完成的俯卧撑”表现了担当行为的学员，还是帮助其他成员完成了俯卧撑担当了团队责任的学员，抑或是将自己置身事外，忙于分派任务的团队名义上的领导者。

这个游戏给学员带来的体验还不仅仅在这个层面。为了强化学员的感受，“游戏”还没有真的结束。

作为教练，讲了太多的游戏和体悟的道理，此时也需要以言传身教的方式再一次为全体学员提供体悟的机会。教练可以向大家抛出一个“敏感问题”：“其实我作为这个活动的发起者，也应该受到‘惩罚’，那么我应该做几个俯卧撑呢？”有时候这个问题就是由学员提出来的。然而，不管现实中有没有学员提出，既然教练的“场域”中存在这一层结构，这就是一个可以点破的教练机会。

“把每组错的个数加起来！”可能会有学员这么说。

或许是30个，也可能是50个，站在善意的学员的角度，让培训师做这么多的俯卧撑的确有点苛刻。这时，学员的心理状态当然也是教练的资源。教练或许会说：“不过我今天凌晨才入住酒店，身体状态不佳，为了我们的课程能够顺利进行，我还是不做了吧！”

实际上，当我许多次这样面对学员的时候，多数学员会表现出体谅，并报以善意的微笑，放我一马。然而，对于教练者来说是不应该轻易放弃这个体悟式教练的机会的！

表示“不做”只是为学员创造一个可以参照的体验，接下来我通常会说：“光说不练假把式，我就来做一下！”

当我在完成这些俯卧撑时，作为“下属”的学员也像自己在做着这些俯卧撑，一起为我数数。此时的学员们往往能真实地体会到主管勇于担当的领导力，这种体悟很有可能会真实地影响他们的管理行为。灵性的传输在这样的时刻潜移默化地发生了。

这种模拟真实管理原型的体悟式教练流程如图14–2所示：

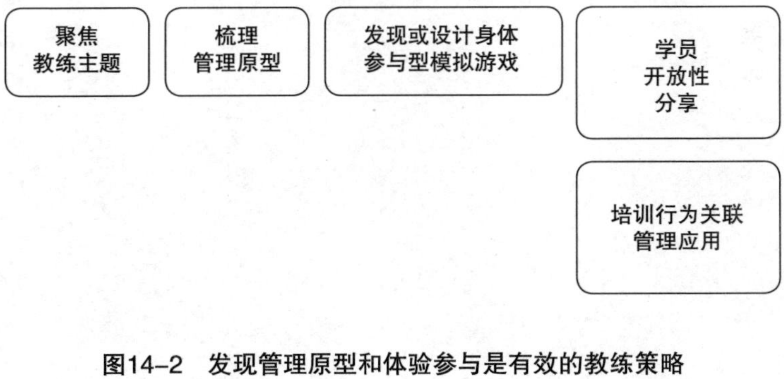

聚焦教练主题 → 梳理管理原型 → 发现或设计身体参与型模拟游戏 → 学员开放性分享 → 培训行为关联管理应用

图14–2 发现管理原型和体验参与是有效的教练策略

和其他的教练方法应用的不同在于：管理原型中的要素需要和真正的身体参与相对应（像俯卧撑对应“责任担当”这样的情况）。有些教练机会的创造也有体验的环节却更关注思维层面的突破，下一章的讨论我们会涉及这个话题。

第 15 章

小互动大用处

智慧的传输往往需要小互动这种“毛细血管”来完成。

在一个教练的主题中，结构性的设计固然重要，教练实施的流程、结构和学员的体悟有着重要的关联。与此同时，一些小互动的设计则像毛细血管一样，实际担当着能量和物质交换的作用。作为一名体悟式教练，这个层次的视角与修炼同样是不可或缺的。“知著”而不“见微”，看到的并不是世界的真相。身为教练，和受教者一样，执其一端可能堕入只见树木不见森林的迷局或大而不实的幻想之中。就小互动而言，在有效的教练互动中不但不可或缺，这些细节往往可以直击要点，甚至启发全局，而且对教练运用而言，又比较容易掌控，因而往往成为教练效能提升的“灵药”。

这些小互动的价值并不小，小互动实则是一些精微的互动。

举个例子：

我在时间管理的教练中，学员们往往会困惑于时间记录方面的一个问题，那就是时间的记录要不要记录业余的时间（或是时间记录之初就把工作时间和业余时间一同记录），这个问题本质上是困惑于“工作之外的时间要不要管理”或是“在开始阶段是否需要管理”。有些学员认为工作已经很辛苦，把工作时间安排好已经不错了，业余时间好不容易放松下来，如果再去管理控制的话，“还不把人给逼疯了吗”！

真的是这样吗？

管理并不是给人带来痛苦和不便的选择，只是面对管理的问题，当我们的思维还处在低层阶的时候，往往很难对高层阶的问题做出正确的判断。这就像在旅行中，站在山脚下真的很难通过想象领略到山顶壮美的风光。

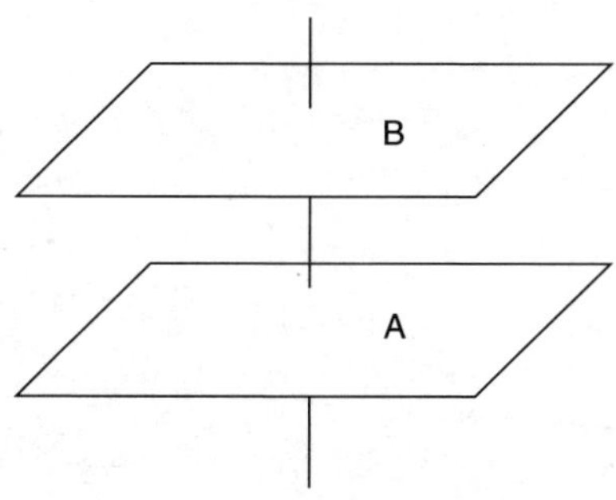

图15-1 思维的跃迁可以用“小互动”的方法来完成

如图15-1所示，站在A点观察是难以看到B所在层面的事情真相的，所以以A的思维逻辑来对B的情况做出判断是不合理的。

我们需要给学员提供一个体悟的机会，让他们能看到“时间管理是个系统性的事情，而非改变局部”的真相就可以了，也就是真实地帮助学员从A到B的层面，而不是告诉他们有这么两个层面。至于学员对这两个层面的理解，喜爱思考的学员自然会去反思总结，教练往往不必向学员们剖析解读这些背后的逻辑。

教练往往是知而“不知”，教者“不知”可以使人知。这个“不知”并不是真的不懂得其中的道理，而是不要跳到 B 面去和 A 面的学员讲话或是喊话。

用精微的“小互动”让学员自己去体知，教练就隐去了高高在上的姿态（如图15-2所示）。大道无形，却在精微处等待感知者的觉悟。

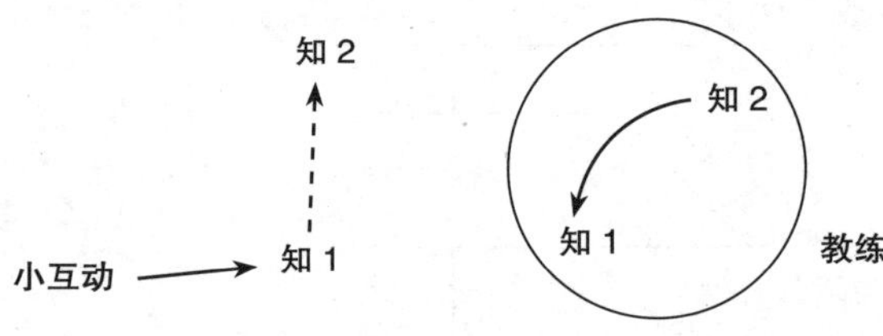

图15-2 “小互动”促动学员“知”的开始，
教练需要知道“知”的关系

就时间管理问题而言，我的做法是邀请一名愿意参与互动的学员（当然如果学员企业的文化比较“低调”，你可以有多种促动的方法来找到你的合作者），接下来只需要这位合作者跟你一起开始原地慢跑就可以了。

你发出口令，让对方加快手臂摆动的频率。那么正常的情况下，对方的腿部也会随着手臂摆动的加速而加速。当对方已经适应这种节奏以后，是时候发挥你的“教练权威”了，你可以说：“继续加快你的手臂摆动频率，同时尽量放慢你的脚步！”

这个荒谬的口令通常很少有学员能够成功做到！

你还可以适时发起一场挑战赛，许以奖励，这时有学员是愿意上来“赌一把”的，不过，最终上来演示的学员通常会给这个环节贡献教练的机会。因为事情的真相是，一个稳定的系统是有高度的关联性的，你改变了局部，系统的其他部分也会因此而改变。

那么，难道真的就没有人能完成这个简单的挑战吗？

一定有人可以做到！或许通过并不复杂的训练就可以做到，但是做到自如恐怕就需要付出更多的努力。这件事情的事实没有必要去验证，你看到杂技演员做的许多高难度动作就知道答案了，这并不是一个多么困难的挑战。

如果在时间管理的问题上，你只是管理你的工作时间，而不是全面地修炼，你所面对的系统冲突就在所难免。

大家在其乐融融的气氛中做了这样的小互动之后，对管理道理的体悟就有了可以依托的载体。

这种小互动的方法并不仅仅是指运用实物或道具的方法。除了这种有形的互动之外，思维层面的小互动（抽象互动）也同样能够带来体悟的效果。

例如，许多经理人的时间管理素养难有实质性的提升，并不是因为方法和技能层面的问题，而在于对时间资源有限性的体悟。“时间很宝贵”这句话对于很多人来讲，听过无数遍，却也没听出什么门道来。俗话说“这只耳朵进，那只耳朵出”，讲的就是没有体悟的情形。

在培训中，教练可以构造出一种类似“时间线”的场景来创造体悟的机会。例如，我在培训中会激发学员一种生活体验："从一个地方到另外一个地方，再沿着原路返回，去程和返程，哪个感觉更远？"对于这个体验，大家的感受基本一致：去程感觉更远。生活本身就是一位教练，生活中熟悉而细微的体验当然有可能成为教练的素材。

这个真相是明白无误的，去程和返程是一样的，只是"感觉"去程比较长而已。这其中的心理奥妙，菲利普·津巴多（Philip George Zimbardo）在他的《津巴多时间心理学》里面有所阐述，不过在教练中你没有必要把这些知识展示给学员。有些教练认为提供足够多的间接知识给学员也是一种不错的教练行为，然而，学员更需要的是当下的体悟而不是知识。如果只是提供了"半成品"，你的角色很可能并不是一名大厨，而是一名配菜的厨师助手。食客们根本就没兴趣和你讨论烹饪的理论或技艺，他们要的只是品尝美食而已。

路程的真相不言而喻，那么时间的真相呢？

有了这个辅助性的体悟过程，教练的时机通常就成熟了。时间的这条路无非是走在思维中的一条路，为什么人们往往对"时间稀缺性"缺少体悟呢？那是因为没有人真正有过人生路程的"返回的经验"。此时此刻，学员在思维的地盘上走一段"返程"的话，也往往能即刻体会到生命的短暂。换句话说，现在眼前所走的这条路就是"去程"，如果能有"返程"，在"返程"中你也能感受到其实这条路没有去程中所感受到的那么长！

这个互动在授课中只需花两三分钟的时间就可以完成了，然而，一旦有了深刻的体悟，不管是两三分钟还是两三天，在学员的心智当中都可能成为永恒的光亮。

快速有效的连接往往是那些小而普遍却被人忽视的事情。当教练能从这些熟知的实例中体悟，也就获得了机会和方法去为他人创造体悟的机会。对于大众而言，讲道理是苍白而让人有疏离感的行为，让他们自己做出有价值的判断需要从日常生活的细节中唤醒体悟。

小互动和比喻乃至管理游戏是内在一体的，都把握了教练主题中的道理，只是复杂程度不同而已（如图15–3所示）：

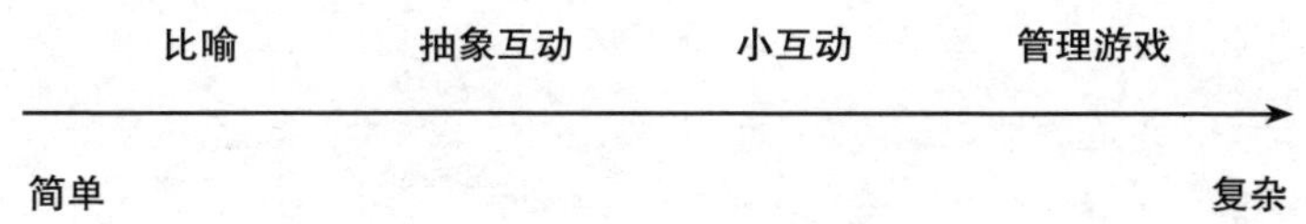

图15–3　几种不同教练互动的复杂排序

第 16 章

潜意识能量的显性化

心灵深处的东西往往是眼睛看不到的，却渗透在你的行为当中。教练是一个神奇的魔术师，能把它们呈现出来！

意识是有层次的，这就像一部手机，有屏幕上一排排的应用程序也有操作系统。有的程序运行的效果你可以看到，而有些程序的运行你是看不到的，像“手机运行产生垃圾数据占了内存”这类问题一直存在，你却不容易看到。这种现象在管理上也是一样的，只是人们习惯于从意识的浅层去发现管理问题。

意识的层次通常可以用“冰山模型”形象地表示出来。水面以下的部分有时候被笼统地叫作“潜意识”，有时候被区分得更为精细，又加了“深层意识”和“无意识”的分层。要解决那些来源于“隐藏着的意识层次”的管理问题，就先要有办法看到那些“隐藏的意识”，这就像是空调的滤网上附着了厚厚的灰尘，房间里的人们呼吸着不洁的空气却并不知晓问题所在；只有打开空调的外壳，才能看到积尘已久的现实。那么如何让学员感知到那个真实却隐藏着的意识世界呢？你如果只是去讲解意识层次的“冰山理论”，哪怕你的讲解详实精确，面面俱到，恐怕学员还是难以体会。在有体悟的培训中，教练就需要运用有效的方法来呈现出潜意识的信息或能量。

作为领导力教练，你并不需要去学习“催眠”之类的技术来展示潜意识的神奇，只是以一些游戏或是互动就有可能达到这个目标。例如，我用的一个方法：

让学员拿出四张空白的A4纸（我通常用两张A4纸对折撕成四张纸来用，这个大小或许更适合在培训中简洁地使用），这是一般的培训场合都会配备的材料，不要试图去用一些复杂的方法来引起学员的注意力，那很可能已经偏离了教练的本质，高效能的教练往往是简单而令人愉悦的。

接下来，就是开始“作画”的过程了。绘画调用了右脑的能量，请闭上嘴巴，这样我们距离心灵真相的距离就可能更接近一点。

在正式开始创作之前，每个学员要先画出以下四个图形（如图16–1所示）：

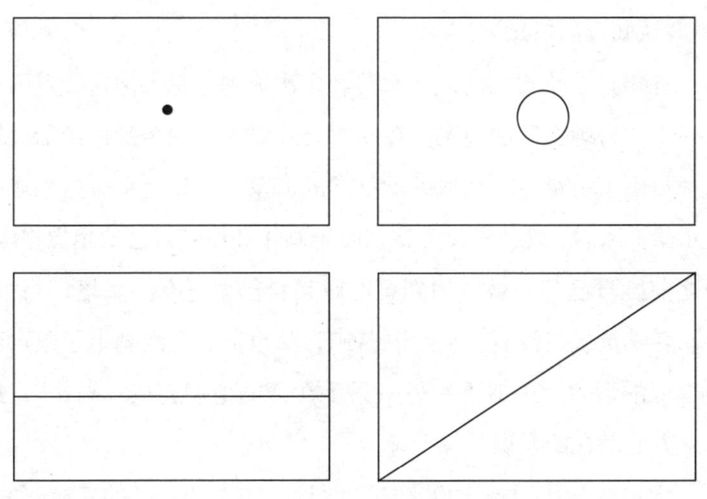

图16–1　四个图形

有了这四张图形以后，大家就可以开始发挥自己的天赋来创作了。顺序从第一张图开始，依次进行创作，没有任何限制，只是引导学员放下防卫心理，用心来描绘出自己看到相应的图形之后想要画出的景象或图案就可以了。

当我用这个方法在培训中测试过数以千计的学员之后，我更加相信潜意识是一个精妙的世界。学员的创作很有趣，也时常涌现出神奇的“画作”。那么，这个方法可以呈现出潜意识中的什么信息呢?

第一个图形（也就是那个圆点），学员们经常会画出“花朵”“笑脸”“太阳”“漫天繁星”等各种图像，有些人画的没那么具体，会画出来“问号”“同心圆”“射线”之类的画作。不管画风如何，大家看到这样的一个圆点往往激发出的是潜意识中“自我认知”的信息。

在做这个练习的时候，我曾经多次遇到过有人把这个点画成了一幅“自画像”的情况。在一次公开课中，一名受过绘画训练的学员画了一幅剪了短发的女孩子的形象，我让她举着这幅作品展示给大家看，其他学员无比惊叹于画作和作者自己的相像程度，而之前她自己却未曾意识到画的就是自己。还有一次培训当中，有一名学员虽然没有任何绘画基础，却也把这个点画出了跟自己很神似的形象……似乎有另一只手在帮助他们完成“画作”，这就是人们潜在的意识。

学员的画作所投射出来的“图景”往往和自己的特质有关，甚至就是对自己形象的生动描述。不管画风具体还是抽象都饱含着鲜活的自我意识的信息。当然也有画得非常相近的图像，尤其是那些抽象风格的“作品”。例如许多人会把一个点画成一圈圈的同心圆。可这并不意味着他们有相似的自我认知，因为有的人觉得自己画的是“行星的轨迹”，而有的人却认为自己画的是“湖面的涟漪”……

而第2、第3、第4幅图所呈现出来的分别是对“亲密关系”“自我当下状态”以及“未来状态”的心理投射。不久前，在一家企业的培训中，有一名在企业任职中层主管的学员把那条水平线画成了一个“正在走钢丝的人”（如图16-2所示），我问他是不是处于一种职业压力的状态，他听了之后笑着看看旁边的同事，然后对我说：“很准！”

图16-2　一名身处职业压力的学员画的心理投射图

在分享这些信息的时候，许多学员会对自己的“画作”心领神会，对“画作”呈现出来的特质和景象陷入思考。即便如此，作为教练，在分享这些信息的时候，也需要对活动的“游戏倾向”加以说明，在不同的文化和组织中，对此类测试的开放性也有差异，这是需要教练自己去拿捏的。

而事实上，这个测评在培训中就是被当作游戏来运用的。普遍而论，学员对这样的测试的接受程度足以达成应用这个测评既定的教练目标。也就是说，在这个“测试 + 娱乐”的氛围中，学员有机会体悟到潜意识中的心理能量。有了这种感悟之后，“走心”的训练和探索就变得容易了。

类似的方法还有多种，教练们可以根据自己的教练情景去选择运用。不管你运用什么方法，都是在给看不到的潜意识创造一个器皿或载体，让那个看不到却真实存在的心灵世界可以变得具体而便于认知。当你在运用这些方法的时候，通常会邂逅“神奇”，这种“神奇”也不是方法有多神奇，而是潜意识让我们片面的心智感受到了无知。这和一个好奇的孩童看到缤纷世界时的惊喜是一样的。

第 17 章

禅机何在

真相往往就在眼前，似乎轻而易举就能达到，而真假的差距却因心智的断层而相距“十万八千里”。看到心智的断层，就是整合的开始、“禅机”的闪现。

苏格拉底在服毒之前和朋友的对话被记录在《斐多：柏拉图对话录之一》[①]当中，我们可以看到苏格拉底对智慧的理解：凭感觉的心智和自由的心智是两个不同的状态。人们凭感觉的行为背离了明智的心智之后，大多是可以感受到的。当你的所作所为和内在的认知不一致的时候，你往往会驻足思考："这是怎么了？""我怎么会这样？"

有了如此感知就有可能产生顿悟，心智的飞跃往往就发生在一瞬间，自由的心智和行为又重新融为一体了。

在管理实践中，管理者对诸多管理问题的认知就是"凭感觉"。他们像是在鱼缸里游泳的鱼儿，觉得自己无拘无束，又能看到鱼缸外的景象，却看不到让自己局限其中的那个鱼缸。这种"鱼缸效应"普遍存在，不突破这个心智的鱼缸，诸多管理问题的解决就无从谈起。这也恰恰是教练发挥价值的关键所在。如果能够把一些简单明了的培训互动用好，让学员通过行为呈现出自己思维的局限性，那么这种教练的体验对学员的帮助将会是深刻而鲜活的。

① 柏拉图·斐多：柏拉图对话录之一 [M]. 杨绛，译. 沈阳：辽宁人民出版社，2000.4.

运用这种教练方法本身就是一种对世界的体悟。你所存在的世界具有“全息”的特征，也就是说局部的细节中包含了完整的世界信息。那些看似简单或者根本就没有受到人们关注的事物中或许就蕴含着“了不起的”管理原则。体悟式教练，不仅能从教科书或是被市场追捧的教练方法和技术中汲取能量，还能从你的身边的平凡中发现真相。对于职业教练而言，这往往要经历一个认知过程，初阶教练通常乐于追求工具和形式，成熟的教练则会更坚定地去体悟简单的真相。

这种从简单事例中找出“断裂”又达成“整合”的方法，似乎被得道的“禅师们”运用得轻松自如。禅师们的方法和培训中的方法有所区别，又殊途同归。

禅的方法和教练方法习惯上的不同在于促动的方式，教练方法往往是用集体或游戏结构的力量促成学员的自我观察，从而达成学员行为和心智向有效模式的转化，而禅的方法所凭借的手段往往更为真实和开放，直指人心。

教练中的方法可用图17-1来说明：

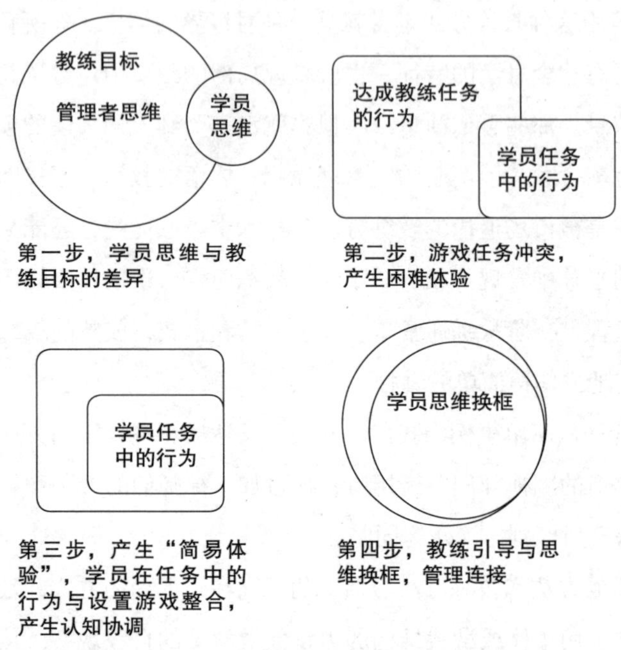

图17-1 教练的启发式方法

而禅宗大师教练的方式也是如出一辙：创造“困难体验”，然后直指人心，道明禅机或使受教者顿悟。

举个例子：

白隐慧鹤禅师是日本江户时期临济宗的僧人。某日，有一位武士去拜访他，请教是否真的有地狱与天堂极乐，或者这二者只是传说而已。

白隐慧鹤禅师听了，立刻以最恶毒的话辱骂他（禅师以此把受教者的行为偏差显性化，并放大了行为偏差），武士感到非常惊讶与愤怒（受教者产生“困难体验”）。最后，武士实在忍耐不了了，随手拿起一根木棍（行为偏差）就要打白隐慧鹤禅师。武士一边追打，一边大骂：“你算什么禅师？根本就是一个无礼狂徒！”白隐慧鹤禅师逃到大雄宝殿的柱子后面，对着一脸凶相却还在追赶他的武士说：“你不是想体验什么是地狱吗？你看你现在的样子，不就是地狱吗？”（禅师创造了一个让受教者自我观察的机会，也就是“禅机”）经白隐慧鹤禅师这么一说，武士猛然觉悟，立刻放下手中的木棍，来到白隐慧鹤禅师面前，忏悔道歉。白隐慧鹤禅师见状，又说：“你看，你现在这样庄严有礼、慈眉善目的模样，不就是极乐吗？”（再次创造“禅机”）

这种禅师启发受教者的方法就是一种精简版的培训教练方法。在上面的例子中，禅师以“辱骂”创造困难体验，而这个困难体验本身就连接了武士所求问题中的“地狱”，直指人心，使武士的心智快速换框，生成了“简易体验”；而之后又创造了一个有关“天堂”的教练时机，使“天堂”与“地狱”的教练目标瞬间达成。

当然，禅师所创造的困难体验多种多样、不一而足，不管是“德山棒”还是“临济喝”都是一个个创造困难体验的过程。

让我们再来看一个广为流传的禅宗故事：

一名和尚要云游参学。

师父问:“什么时候动身?”

“下个星期出发。因为路途远,我托人打了几双草鞋,取货后就动身。”和尚回答道,看来他是个有计划的人。

师父沉思了一会儿,说:“不如这样,我请信众捐赠给你。”

师父不知道告诉了多少人,当天竟有好几十名信众送来草鞋,堆满了禅房的一角。隔天一早,又有人带来一把伞要送给和尚。

和尚问送伞人:“你为何要送伞?”

“你的师父说你要远行,路上恐遇大雨,问我能不能送你一把伞。”

这天不止一人来送伞,到了晚上,禅房里堆了近50把伞。晚课过后,师父步入和尚的禅房说:“草鞋和伞够了吗?”

“够了,够了!”

和尚指着堆在房间里小山似的鞋和伞,说道:“太多了,我不可能全部带着。”

“这怎么行呢?”师父说,“天有不测风云,谁能料到你会走多少路,淋多少雨?万一草鞋磨破了,伞丢了怎么办?”师父接着又说,“你一定还会遇到不少溪流,明天我请信众捐舟,你也带着吧……”

这名行事拖沓的和尚受到师父如此“关心”,起初体会到的大概不是什么困难体验,然而当师父要为他募捐舟,和尚就该顿悟了吧!这种顿悟中都包含了什么心智的变化呢?无非是从一种归谬的困难体验瞬间感知到了“当下的智慧”:你所假想的种种可能都是内心恐惧的投影,当下行动才是修行的要义。

培训中所使用的方法和此例中禅师的方法的不同之处在于：培训中更具操作性的方法，是以问题之“简单”来促发学员的体悟。学员会发现原来认为难以突破的问题竟然如此简单。这种“认知不协调”是和固有的心智模式对应的，而达成“认知协调”的过程也是自己的心智突破的过程，这就是学员对问题本质的“顿悟”过程。准确来说，这个过程相对于禅宗的典型手法而言还是叫作“渐悟”比较合适，因为在禅师们的教练案例中，通常是以“当下体悟”来创造“认知不协调”，进而促成顿悟的。其中有体验、感悟、断裂、整合，交织融合，互为因果，体验越强烈，感悟越透彻。无论在禅宗的顿悟中还是在培训的学习突破中，这种感悟都是从受教者内在发出，教练只是发现了“裂痕”，进而把握了弥合的“禅机”。

举一个培训中实际运用的例子来说明这种“断裂”与“整合”：

在领导者所谓积极思维的教练中，我经常用一个小游戏来创造这种体悟式教练的机会。这个教练的过程通常在没有对教练主题约定的情况下就展开了。例如，在下午的某个休息时间结束之后，去除预期心理，学员的心智就像从东张西望的状态回到了安静的当下，学员们就会有更多的机会“邂逅”真实的自己。

游戏开始之前教练要在白纸上画出如图17–2所示的图案，而这个图案绘制的过程是要对学员保密的。

那么游戏中的学员任务是什么呢？其实也并不复杂，是让各小组在白纸上画出来同样的图案，即要求画出的图案尺寸要和展示的那张一模一样（误差一般规定为一根马克笔画出的线的宽度）。

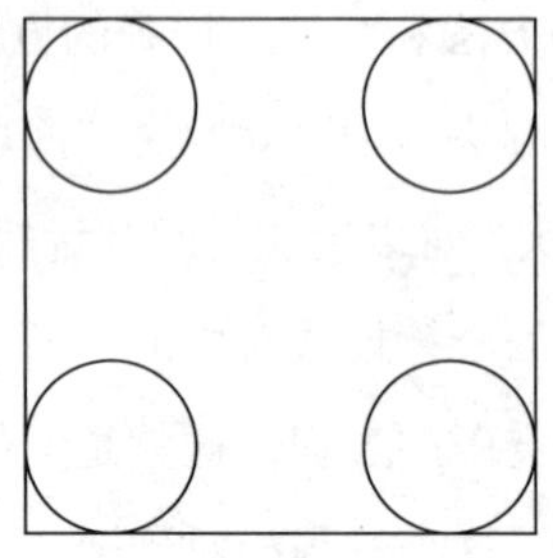

图17-2　白纸上的四个圆圈

这个看似简单的任务要在规定的时间内完成，再加上严格的考核要求就显得不那么简单了！实际上，不少小组在规定的时间里面是完不成这个任务的。

教练主题跟领导者积极思维相关，在展示和说明了这个任务之后，作为教练，不要忘记做一个现场调研：

"认为可以在这个规定的时间里完成任务的（个人或小组）请举手！"

此时越是"不经意"的询问，越是能够看到学员心智的真实状态。尤其是为了呈现和确认另一个没有举手的群体的想法，你也可以再问一遍相反的问题。你需要在心智状态呈现的关键画面上插一面小旗帜做好标识。总之，呈现出此时此刻的全体学员的真实思维状态，是教练要实施的关键行为，也为以后的教练时机做了准备。

在活动完成之后，可能会发生三种情况：第一种是没有完成，方法不可行，甚至放弃任务；第二种是方法和游戏设定的方法一致，成功完成任务；第三种是，同样成功完成了任务，但是所用的方法却和游戏设定的方法并不相同。实际上，虽然大多数小组会是第一种情况，但是在大多数培训中会看到至少有一组会是第三种情况。

那么游戏中的图，教练是怎么画出来的呢？

这恰恰是体悟式教练得以产生价值的要点。画图所使用的工具非常简单，我通常会用一张A4纸（A4纸以简单方法折叠后做成矩形形状），然后再拿一个一次性纸杯，当然你也可以选择其他任何学员伸手就能拿到的东西，例如某一款流行型号的手机，学员的席卡之类的东西。不过，用什么并非要点，要点是简单易行，有时候甚至我只画了一个矩形。

简化至极则真相更容易显现，这就是禅的道理。

这个游戏结束的时刻，学员们会沉浸在成功的喜悦或者失败的遗憾中，这也正是教练的有效时机。

此时此刻，游戏刚开始问过的那个问题就派上了用场。只是这个时候你需要加个时间状语再问一遍："现在认为可以在这个规定的时间里完成任务的个人（或小组）请举手！"

"面对任务无法完成的体验"是一种困难体验，而此时在简单任务面前回顾自己刚才"难以完成"的心理状态，就创造了顿悟的机会。

无论学员有多少人在此时把手举起来，第二次问这个问题的时候促发的学员体验和第一次的是不同的，而这"不同时刻的两个同样的问题"正是教练应当把握的教练机会（如图17–3所示）。那么教练主题在此刻就不言自明了，什么是"积极思维"，"积极思维”所对应的又是怎么样的心智状态。

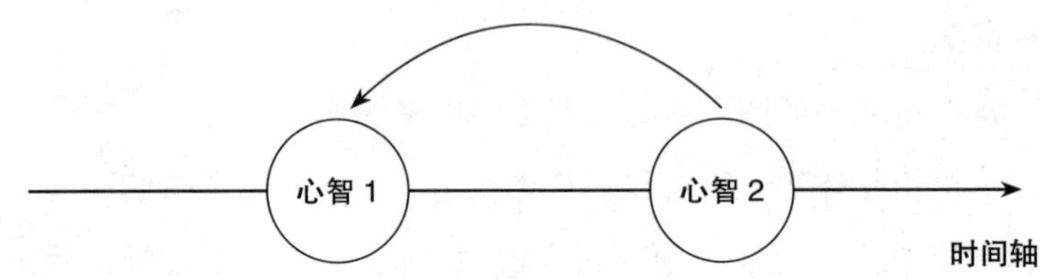

图17-3 心智在时间轴上的回首

实际上，此时总结“积极思维”还为时过早，用“积极思维”这个词只是一种权宜之计，并非最终的教练目标。

如果在这个培训的现场出现了刚才讲到的第三种情况，也就是用了不同的东西，却画出了符合游戏要求的图案，那么作为教练你是幸运的（在实际的教练中，这种幸运是经常发生的）。因为基于这样的小组体验，你可以引导全体学员去体会一下“幸运是什么”这个更为深入领导者积极思维的主题！

积极思维者和消极思维者看待“巧合”的心智是有差异的。如果某个小组用培训教室里的一卷胶带画出了符合要求的图形，那么对这个“幸运”的看法差异（来自于问题解决者思维特质的不同）正是一个紧扣教练主题的教练机会。

问题的关键难点在于“看待问题的思维特质”，而不是问题本身（如图17-4所示）。

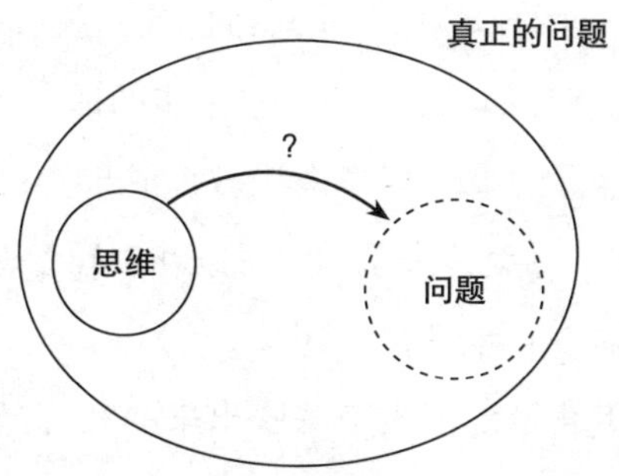

图17–4　一些问题的解决障碍来自于

思维与问题的关系障碍，而不是方法的不足

具有积极思维特质的头脑看待问题往往有更多的机会看清楚问题的真相。那些内在简单而形式复杂的问题往往会成为单一分析型头脑的迷宫；而对于富有积极思维素养的头脑来说，更有可能直接鸟瞰迷宫的全景，从而找到不远处的出路（如图17–5所示）。

图17–5　积极思维让复杂问题现出原形

至此，在体悟的情景中学员思维的换框就有可能真正达成。接下来，作为教练，如果需要再推进一步的话，你可以用这样的企业案例或者学员的事例分享来让教练成果变得更加清晰和明确。到了这一步，你就达成了学员思维和领导者思维融合的教练目标，也就是图17-1所示的第四步。

这种从封闭性思维模式中解脱出来的教练过程不是用逻辑严谨的说教可以达成的，却可以在“断裂”和“整合”的阴阳之道中捕捉到灵感闪现的“禅机”。

第 18 章

当下顿悟

要想表达难以言传的东西，就应该创造机会让人顿悟，而不是费口舌之功。

场景演练中的“演”和电影表演中的“演”是不同的，电影表演的“演”更在乎观众的感受，而场景演练的“演”更关注“演员”自己的体悟：身处其中的感知甚至胜过系统化的教育。像这样富有价值的启人心智的方法，体悟式教练们是不会错过的。对于教练而言，场景演练并不只是学员的事情，甚至可以说，场景演练根本上就是教练的事情：场景演练的“演”恰恰是受教者以体悟来“看”教练的表演，也就是教练所呈现的“心智艺术”，教练才是真正的“表演者”，而这种表演所运用的媒介是人的心智。

这种心智的媒介如何运用才能促成“顿悟”呢？

“演”的过程和说教不同，在“教练剧场”中，学员是亲自进入管理的场景来体验管理的道理。在有了这样的体验之后，之前他人的说教也好，自己过往的经验也好，在这个特定的场景当中是否应验，自己就心知肚明了！这是一个内在变化的过程，就像发生在一个密闭的瓶子中，不同层面的液体融合反应，生成新的物质，达到新的状态。教练像是熟知这个化学反应的实验员，透明的瓶子里面发生的变化一览无余，那么实验员要做的就是找到合适的反应容器，创造合适的条件让化学反应或瞬间发生，或慢慢转化。

教练找到的容器就是一个个的管理场景，而发生反应的物质是人们不同层面的意识。教练让学员在“显意识”和“潜意识”之间切换，把“显意识”和“潜意识”之间的管理冲突呈现出来，让学员感受问题的症结所在。

为什么一定要把“潜意识”拉进管理教练的场景中呢？

语言的力量固然强大，然而对于“有着深层次意识的人类”而言，在许多冲突沟通当中语言就是个装饰而已。漂亮的语言就像都市写字楼里的工作餐一样乏味，配菜再丰富也比不上早年家乡的味道来得亲切可人。深层体验的力量不是语言能够撼动的，也往往容易被刻板化的管理屏蔽、忽视。而实际上，管理是对人的管理，更是对管理者“心灵的管理”；也就是说，高效能的管理必然是“走心的”管理，进入“潜意识”的管理，而身处迷失地带的管理者往往难以从这样的困境当中解脱出来。

“心灵和规则的分离”，是人们生存的普遍状态！

作为教练，如果不能在“显意识”和更为深层次的意识层次往来自由的话，如何能够作为带领者引导学员领略管理心智的美景呢？如果只是掌握了一些教练的“套路”（或者是带着商业注册符号、令人对形式上的“专业性”升起敬畏之心的教练技术）的话，那很可能这名“心智的导游”只是拿到了一个“导游工作手册”，却并没有对自己带领的线路有多少属于自己的体验。

专业性离不开真实的生活，真实的生活当中有丰富而“走心”的场景可以用于教练。

举个具体的例子来说明如何带领学员游历管理的“心境”：

领导力当中有一个核心的原则，就是“言行一致”。教练面对这个道德说教似的原则，恐怕应当会有这样的思考：如何能够给学员一种体悟式的认知机会呢？

我所用的一种方法就来自于一次自己真实的经历。

曾经在一次研讨班的课间，我作为学员和其他两三名学员正在讨论一个研讨班当中还未弄透彻的话题，此时这个研讨班的教练看我们聊得热闹也参与了我们的讨论。当时一名正在发表见解的女学员的一个观点激发了我的思考，让我突然灵感一现，随后脱口而出发表了自己的看法。看到这一幕，教练对我的这个打断别人讲话的行为很快提出了一个"建议"："你为什么不等她讲完再讲自己的看法呢？"

被提醒之后，我立即停止了自己的"插话"，当时感到惭愧的同时也有一种奇怪的体验，似乎总感觉这位教练提出的"建议"有些不对劲。当时的状况不光令我有些尴尬，讨论当中的女学员也不再言语，面露尴尬之情；不仅如此，一秒钟之后，教练的脸上更是露出一种被掩饰却又暴露无遗的尴尬之情……

这位年长的教练富有多年职业教练的经验，而在那个情景当中，他在用语言教练学员的同时，却也在用"自己当下的行为"否定了自己语言所宣称的"不要打断别人"的道理！

在那一秒钟的"心照不宣"之后，我发现这种基于真实场景的体验，往往能够被设置成为一种典型的场景演练，给我的学员带来更富有体悟的演练机会。

因为这种场景演练的促动方法就是基于真实的生活体验，具体的操作就显得很容易了，教练的场景几乎就是当时场景的还原：

在演练之初，你需要招募到两名“演员”，一名是那位发表见解被打断的学员，而另一名则是“抢话者”。这个演练当中，教练充当这个讨论场景中的“领导”。这就像许多公司里面经常可以看到的：一名领导在主持一个主题讨论会。你可以来到一个培训小组面前，和两名“领衔主演”及小组中的其他“群众演员”一起来完成这场职场管理戏。

就像真实发生过的那一幕一样，这个演练可以在两三分钟里很快完成。在真实的教练现场中，往往在演练完成的一刻，许多“观众”还没有弄明白到底发生了什么，而担当“抢话者”的那名“演员”也像我当初第一时间的反应一样，处在一种“略带尴尬的负面体验”当中。

而教练此时不要失去采访那名“抢话者”的机会：

“我作为这个团队的领导刚才所讲的话有没有道理呢？”

面对这样的问题，“抢话者”的回答往往是“有道理”“没问题”之类简单的答复。

然而，从那名“抢话者”的状态可以看出来这个沟通显然是低效的！那么，问题到底出在哪里呢？

如图18-1所示，在显意识层面，下属和领导并没有明显的冲突，他们都认可领导的这种说法——“没有什么问题”；而领导的显意识和潜意识层面却发生了冲突（领导的行为来自于其潜意识层面的价值观，是潜意识的显性化），领导的价值观是“不要打断”，而行为却无疑是在“打断”，这就“拧巴”了！这种“拧巴”带来的体验是发生在潜意识层面的，快捷而不受拘束，往往还没有等显意识弄明白，潜意识就已经知道了：“似乎有哪里不对？”虽然领导自己对这种内在冲突往往是“装聋作哑”，然而，这种冲突下属却能够更清晰地感知到。虽然下属有时候并不知道到底发生了什么，而这种“怪怪的感觉”却是真实无误地存在的！

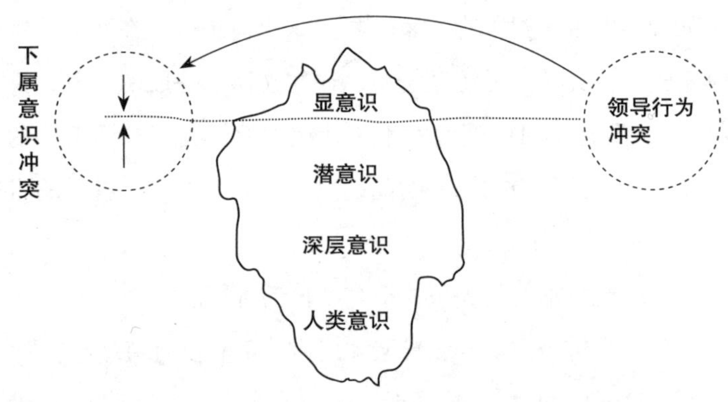

图18-1 领导力沟通当中经常存在的意识层面的冲突，领导的意识断层会通过领导行为让下属纠结

一个“拧巴”的领导再一本正经，带出来的下属也更可能是“拧巴”的下属！

那么，在这个演练的过程中体悟式教练在做什么呢？

实际上，教练是在表演一个心智的魔术，在用一种“体验的归谬法”把这个冲突场景展现出来，让学员自己和其他作为观察者的学员领会到这个冲突。这个“归谬”不是发生在逻辑推理的层面，而是在潜意识的层面运行着。有了潜意识的参与，就会让本来隐藏的“断裂”变得明显。

在局限的视野中，管理的许多低效甚至荒谬的做法反而会显得合乎道理甚至高高在上！问题就在于狭隘的管理思维像一块遮羞布盖在了意识的断层之上。那么教练应该做的就是把这块遮羞布揭开而已！

揭开这层布，真相当下就会公之于众，令人信服。

而描述这个过程、说教甚至讨论都并非高效的教练方法。场景演练是带有情绪体验因素的沟通方法，因而可以在潜意识层面交流，这种沟通对于那些显意识和潜意识冲突造成的管理症结是有奇效的。找到简捷的情景，让学员置身其中，加以点拨，你瞬间就可能让他们悟出其中的道理。

第 19 章

角色扮演成功之核心

教练设计出心智舞台和剧本，让受教者在表演中发现真相。

角色扮演似乎是最具体的体悟方法。和普通游戏的体悟不同的是，角色扮演更聚焦于具体的管理现场，而非普通游戏中泛化的“管理原型”。角色扮演更关注于学员的个体感受；管理游戏更适合于组织管理的体悟。角色扮演更关注当下的模拟性选择，有更多的开放性；管理游戏更关注系统性，因而规则性更强，更具封闭性。当然，在实际操作上，我们没有必要去界定清楚这两种体悟方式的不同，就像真实的管理一样，具体的管理场景当中发生的事情往往也和组织系统的现状有关。例如，一个充分授权的组织当中的任务委派场景和一个集权组织当中的任务委派场景显然是不同的。只是作为一场培训的教练而言，你明白了自己的教练目的是什么层面的，你就会知道更可能采用什么样的教练方式：是关注个体在委派场景中的行为合理性还是关注组织层面的问题（如表19–1所示）。

角色扮演除了可以让人投入场景中体悟，还有一个功效，就是“演出”的效果明显。“演员”本人体悟的同时，也给了其他“观众”一个“心智换框”的机会，看到的虽然是别人的演出，作为观众的学员也看到了自己的心智和行为的影子，或者是给自己的心智和行为找到了一个可以比较的版本。

表19-1 三种典型教练互动方式的异同

	谁受教	做什么	效果
场景演练	个体体悟	顿悟（悟道）	理解问题所在
角色扮演	个体体悟＋群体体悟	理解场景（模拟）	发现有效行为
管理游戏	组织当中相关的个体与群体	理解流程、系统关系	认识环境与机制

我们可以在表演艺术中为教练的“演”汲取一些营养。就像其他许多艺术领域一样，表演艺术往往也有不同类型的倾向，一种是倾向于“走心”的流派，一种是倾向于“程序化”的流派。发源于大师康斯坦丁·斯坦尼斯拉夫斯基（Konstantin Stanislavsky）创造的“方法派”就是一种“走心”的方法。不过从字面上看，容易让人误解“方法派”是走“程序化”的路线的。实际上，“方法派”的表演内核是投入心灵的表演，而其他的流派，如有着体操运动背景的雅克·勒考克（Jacques Lecoq）的方法，则更关注形体动作的修炼。

作为表演艺术来讲，并不像科学追求的是一种事实上的“正确”，表演本质上还是追求“有效”，是对观众的影响，而不管演员在提升自己的表演能力上遵循了什么流派或方法。就这一点而言，培训的角色扮演和演员训练是有相通之处的，因此也可以充分借鉴。不过，这些更多是教练所应当思考的，因为教练面对的是全体学员，用合理的技能展示演出不仅对“表演者”自己的参与感有改善，还可以提升其他“观众”的观感；而对于作为受教者的学员而言，什么样的方式更容易体悟到培训主题所承载的智慧，什么就是“演”的关键所在。

这个“演”的关键并不在于学员的演技，而在于演出场景是否隐喻了管理的要点或者是“痛点”，教练的管理剧本是否清晰明了！

那么，教练就需要运用一些简单的方法和原则来构造一个“剧场”，来训练你的“演员”，有一个好剧本，甚至要注意做好现场的组织工作，例如找一名合格的学员来“打板”之类。管理场景和演练的场景都对了，学员就容易“出戏”了！

举一个冲突沟通的例子来加以说明：

在跨部门或上下级的沟通中，沟通的一方往往会把造成的问题归因于对方，而把沟通中的积极因素归因于自己一方。这种非理性的归因倾向，当事人自己却意识不到。如果有机会跳出这样的框架，不少当事人也会觉得自己的归因是有问题的。那么在角色扮演的教练方法中，怎样把这种心理层面的问题呈现出来呢？

作为教练，首先你要设计一种典型情景，所谓典型情景就是这种冲突的“原型”，其实“原型”也并非高深莫测的概念，在平凡的组织场景中就能够看到“原型”的影子。例如，领导觉得员工做的东西难以令人满意，“现在的员工干活为什么就不能走点心呢？”而员工头脑中的那个“魔鬼形象”和抽象化的“上司形象”也有可能被归为一类。

“老板就知道挑刺，根本看不到我的努力和智慧！”

那么，角色 A 就是一名手头有紧急任务需要委派的老板，角色 B 则是一个能力尚待提升而不乏工作热情的员工。这种清晰而典型的角色定位是之后角色演练成功的基础。为什么这么说呢？首先，角色的定位不够清晰明了的话，临时被招募的“演员们”将很难驾驭表演的方法。试想，如果“演员”在“表演”中产生了挫败感，这出戏还能出彩地演下去吗？这里的教练目标当然并非是让学员成为合格的演员，而是借由这样的表演对沟通中的冲突因素产生体悟，发现有效的行为。那么，在一个有限的时间内，面对表现能力和表演愿望未知的学员，规定好一个或两个角色的特征或表演的要点是比较明智的选择。只有你规定了核心的角色特质，学员才更可能在角色扮演中自由发挥和创造，而这种创造所呈现出来的开放性的场景，才会有教练们期待的教练机会出现。控制住不必要的，必要的亮点往往就得以闪现出来。

要让“观众”看到（有时候也是为了让‘表演者’自己更清楚地意识到）表演的效果，作为教练，你还需要“放大信号”。想要调大麦克风的音量你可以旋转旋钮，增加电流，那么调大表演效果的信号该怎么办呢？一个简单的方法就是“夸张”。在规定好了表演角色之后，此时作为导演，不要忘记告诉你的演员一些表演的诀窍，其中“夸张”的表演往往是规定的表演风格。当然，这种风格的要求有时候也未必是有效的，在有些小范围的培训当中，一些近乎真实的投入表演更能打动观众甚至表演者自己。

教练就是这样一个因势利导的角色。“表演信号”的强弱取决于背景和观众的接收状态。

还有一个教练必须要了解的要点。

作为教练，为了能够体现出角色扮演的价值，你应该分别给不同的角色讲戏，而让演员们基于场景去自然表演。有次聊天当中，上海戏剧学院表演系的一位教授跟我讲起考察学生表演技能的一个场面：一个空旷的房间，里面摆了一张桌子和一把椅子，一名学生坐在桌子后面。这名面临考试的学生并不知道接下来会发生什么事情，而此时门外还有一名考生，也完全不知道打开门会看到什么场景。考试开始了，门外的学生推门进去，当他发现一张桌子后面坐了一名同学，这位机灵的考生在头脑当中不知道想到了什么，满脸期待地大喊了一声："爸爸！"而坐在桌子后面的一位也立刻投入场景，脸上浮现出慈祥的微笑，起身走过来，说着："乖儿子，你怎么跑到爸爸办公室来了？"

作为角色扮演的教练，你把那个空旷的房间准备好，在适当的位置放上一张桌子、一把椅子，这就够了。

对于专业表演系的学生而言，这张桌子和椅子就是一种引导的工具，也是一种限制工具，学生们在这个空间运用工具，根据自己的想象发挥表演才能。而对于培训中的学员来讲，这个"空旷的房间"也并不等于完全的即兴表演场所，而是需要根据表演空间的界定来发挥。在这个例子中，教练设定的空间就是演练场景中的规定。例如，角色 A 收到了角色 B 提交的一个制作粗糙的方案；而从角色 B 的角度来看，则是拿出了自己熬夜加班才做出来的方案，带着老板对自己肯定的期待把方案交给了老板。

具体的细节上，教练在给角色 B 讲戏的时候，角色 A 是被

“屏蔽”的。而同样在给角色A讲戏的时候，角色B也要被“隔离”开。此时的其他学员当然是了解事情的全貌的，虽然他们没有参与演出，但会站在一个全景的视野对演出的情景做出预期。

这样，作为观众的学员所看到的行为和自己想到的行为（也就是在其对应的认知框架下认知到的行为）和A、B角色所呈现的行为是不同的。这些“行为差异”的产生正是教练对表演场景设计的结果（如图19-1所示）：

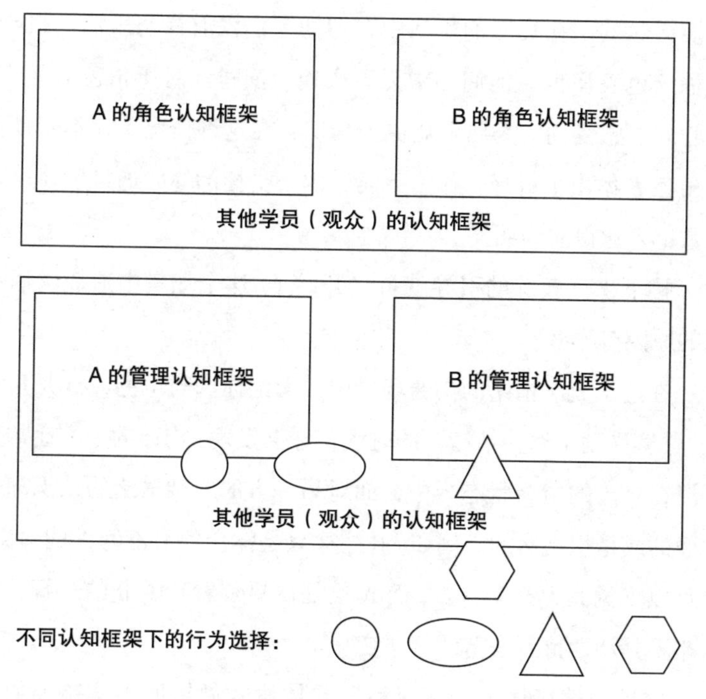

图19-1 角色演练中的“认知剧场”与行为选择

在演员表演完成以后，A、B 对自己场景中的行为分享恰恰是呈现其管理心智局限的机会。

在这个案例中，A 的角色往往会自然进入到一个强势的、或许还是委屈的老板的状态，呈现出强势的 A 角色往往觉得在这样的紧急任务面前，下属就应该责无旁贷地把工作做好，拿出低品质的方案来糊弄自己显然是不可原谅的。在这种情况下，A 角色的表演者往往会把方案丢在桌子上大发雷霆。显然，“夸张”的技巧起了作用，观众们收到了明确的情绪信息。隐忍型的老板也有自己的表演之道。在现实的演练中，你会发现许多学员是很有表演天赋的。在真实的生活中，即便人们没有参与表演的机会，这种角色表演也在他们心中无数次地上演过。对于角色 B 而言，他心理上感受到的委屈可能更为真切，在这种情况下，不管是否向角色 A 做出了解释，作为下属，内心受挫的体验通过肢体语言通常都表达得颇为明显。

接下来，教练的引导就可以开始了：这个场景中造成沟通冲突的原因有哪些？

在这个充满情绪的沟通场景中，无论你询问角色 A 还是角色 B“你感受到了哪些情绪”的时候，你会发现：沟通的一方通常是沉浸在自己的情绪状态当中，而对另一方的复杂情绪的认识却是片面的或是想当然的。例如，B 往往只是体会到了角色 A 的愤怒，却难以察觉其无奈和自责；而 A 也往往只是看到了 B 的辩解，却忽略了其从期待到失落的情绪变化。

这种“情绪体验的不对称”是体悟式教练所不该错失的重要心理资源。从心理治疗的角度而言，这种角色扮演是一种有效的“共情”训练，也是一种有效的治愈方法。在“表演的场景”中体会到了对方的状态，在真实的管理场景中就容易理解对方的感受，原来被割裂的情绪交流就有机会整合在一起了！当管理教练的过程产生了治愈的效果，你还期待什么更有价值的教练产出呢？而想要达成这种治愈的效果，找准这种管理原型以及设计好产生体验的要素都是必不可少的。

对于角色扮演的教练而言，还有一种情况值得注意，那就是一方是固定角色，而另一方是开放性角色。通常教练本人可以担任那个固定角色，而开放性角色由学员担当。就像导演扮演了电影当中的一个角色，这种演练的可控性增加了，展示的效果和时间的控制情况会有所不同，教练可以因地制宜。在实际的操作中，你作为教练当然还有许多选择，例如，你作为固定角色演练一次作为示例，而后的演练，尤其是分组演练则由学员担当，以轮盘的形式组织这个演练通常是一个不错的选择（如图19–2所示）。

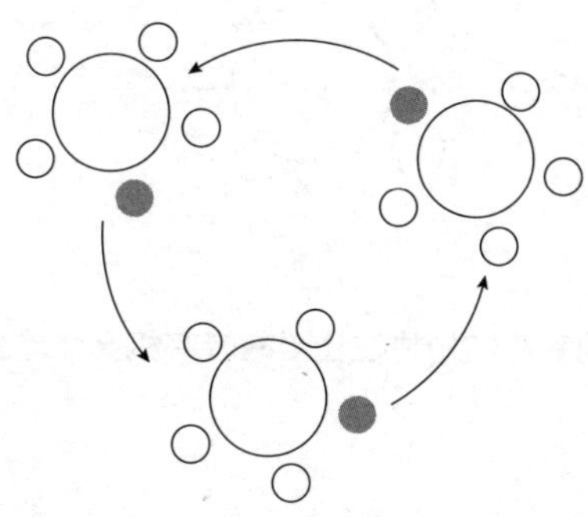

图19–2　分组情况下的演练互动

还有一种演练的形式会复杂一点，那就是“嵌套式”的演练。这种演练既关注了具体场景的行为选择，也关注了组织系统对行为选择的影响。举例来讲，在管理教练当中，管理者如何教练下属去授权呢？像这样的演练实际上包含了两个层面的演练：第一个层面，教练对学员——教练辅导下属的主题；第二个层面，学员再去教练自己的下属。这样的演练结构一般是这样的（如图19-3所示）：

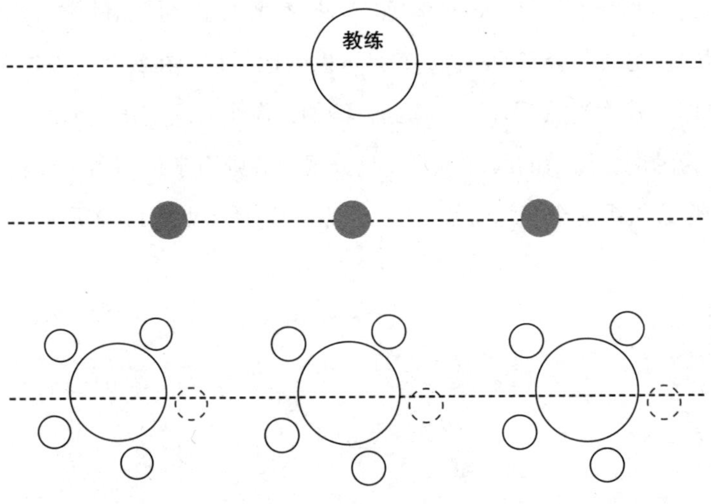

图19-3　两层的教练结构往往让受教者有机会体验更大的组织背景

这种多层次的演练往往更能体现出管理要素之间的相关性，

类似于一个管理系统的片段。不过这种角色演练和管理游戏仍然是不同的，角色演练依然关注的是个人的行为选择，组织的系统因素是作为角色演练的情景出现的，而不是关注的焦点（如图19–4所示）。

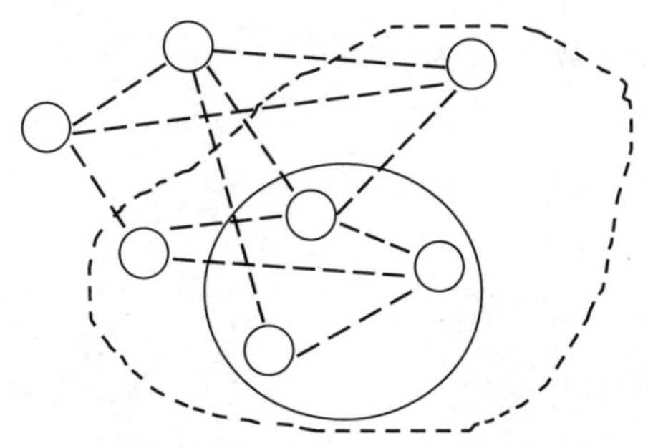

图19–4　角色演练可以呈现系统中的管理片段，也可以呈现更大的管理背景

从最上层到中间层的教练过程往往应当将其他学员隔离开来，这种信息的不对称也会给学员带来神秘和期待的体验，对于“从中间层到基层的教练”通常是有帮助的。而这个教练过程往往应当设置一名观察者或者记录者，你可以很容易安排一名“视频记录者”，这样在之后的反馈过程中就有了许多真实的细节作为讨论的题材。

尤其对于中间层的学员而言，这种演练体悟到的是一种能力形成和知识转化的过程，这对管理者而言是一种核心的能力。这种形式的演练在其他类似的系统管理场景中往往也是适用的。

无论是单一的角色演练还是在组织系统中嵌套式的角色演练，教练所设计的心智剧场都要符合直指管理原型的原则，这是“演员们”走心的基础。而角色演练的设计也像是黑暗舞台上的灯光，有追光灯照亮一个个角色的心智，呈现他们的个性，也有照亮整个舞台的顶光，让观众看到完整的心智场景，体会管理的趣味。

第 20 章

在群体比较中发现心灵

个人的思维是碎片化的群体思维，个体的思维差异当中存在着教练的机会，个体差异、小组差异、个体与整体的差异都是教练的资源。

一个流传广泛的故事是这样的：

一对小夫妻吃鸡蛋的喜好不同，丈夫喜欢吃蛋黄，妻子喜欢吃蛋白。丈夫就把自己喜欢吃的蛋黄让给心爱的太太。而妻子也一样，把自己喜欢吃的蛋白让给了丈夫。

一来二往，两个人都“吃错了”！光阴荏苒，一晃过了50年，这对当年的小夫妻虽然历经坎坷，却始终保持着幸福的感觉。两位老人在一次海外旅行中来到了一片海滩游玩。当两个人躺在沙滩椅上，沐浴着和煦阳光，老太太突然想到了什么，侧脸对老先生说：“我这辈子跟着你还是挺幸福的，就是有一件事情耿耿于怀……其实我喜欢吃鸡蛋白！”老先生听了这话，挺起身来，一拍大腿道：“老太婆，你怎么不早说呀？！其实我喜欢吃的是蛋黄啊！”

这个故事不失为一个充满温情的培训素材。对于一些把煽情作为培训成功要素的培训师来讲，是不会错过这个故事的。也有许多故事讲解者，用这个故事来说明沟通中缺少反馈的问题。而对于体悟式教练来讲，如果只是把这样的故事拿来煽情或只关注沟通的表象，那么他们一定还处在不及格的水平。之所以这样说，是因为如此讲故事给学员带来的启发是有限的，与最真实的部分还有相当的距离。就像把一包好茶拿在手里，只看到了包装，并未真的用水冲泡开来细细品味，甚至都没有打开包装闻到茶的香气。这对于受教者的学习是不够的，对这个故事素材而言也是一种浪费甚至扭曲！如果只是站在山脚下看风景，可能这是一场匆忙的旅行却无伤大雅；而如果只是站在管理的山脚下看风景，这却有可能是一种错误的引导，会遭致管理的低效甚至失败。

故事这种形式本身就是一种“有黏性的”信息，容易激发学员的思考。不光小朋友喜欢听故事，成年人也喜欢，只是成年人对故事更加挑剔了：不光要能带来想象，还要能激发思考的故事才更有趣，这样的故事也往往能够让成年人花时间悉心聆听。除了故事本身，对故事的评价也能激发学员更深入的思考。评价别人是人的一种社会本能，本质上是用自己的思维方式和别人的思维方式做比较。如果把这个比较堂而皇之地呈现出来，让学员在比较中有机会“观察自己的思维”，启人心智的效应也就能自然地发生了。这个故事对情感细腻的学员来讲是颇为感人的，这种情绪的促动加上心智层面的突破，无疑会让学员体会深刻。

那么，作为体悟式教练应该怎么做呢？

这其中就运用到了人们心智差异性的现实。差异促成思考，一个局限的个体思维往往可以在集体智慧中通过对比从而得到启发。这并不是教练在向学员灌输什么，而是构建了个体学员与集体对话的机会和可控的通道。当这个结构化的空间和程序设计好之后，学员的“集体智慧”往往就会达到“U 型理论”所谓的“自然流现”状态，身在其中的个体当然会在这个“场域”中受益。

在这个过程中，教练要做的就是支持和激励学员，同时也要对自己搭建的这个结构化的空间和程序进行支持和维护。教练在多次运用这样的方法之后，就会熟悉这个思维地盘上的一草一木，之后便能如同一名勤奋的园丁一样：细心呵护这块田地，让心智开出绚丽的花朵。

这个故事所蕴含的管理意义（当然，这个意义并不是故事本身所固有的，而是我在应用这个故事素材当中体悟与诠释的，或者说是把固有的管理意义投射到了这个故事当中）是管理者心智成熟度的话题。也可以说是管理者左脑思维和右脑思维是否平衡的话题。这种思维的成熟度又会进一步影响管理者的管理行为，决定他们的管理效能。

对于左脑型思维的人来说，往往倾向于对这个故事案例做出“夫妻沟通存在严重问题”的判断。而对于右脑型的人而言，这样的“沟通问题”是“可以理解的”。和左脑型的学员所反映出的观点有很大差异的是：右脑型的学员会认为，案例中的那对夫妻的沟通其实并没有什么实质性的问题（这种沟通甚至是充满温馨的，“吃错”的小瑕疵无关紧要）。从人们的意识层次角度来看，这和学员所处于的意识层次是有很大关系的。如果学员的管理意识停留在“逻辑层”，那么倾向性的管理状态就会具有“机械性的高执行”的特征。的确，有些管理者喜欢这样的下属，因为他们喜欢那些和自己行为风格相似的下属。而实际上，这最终只能在一个变革的组织环境中带来无尽的（而且是没有必要的）冲突。这就像在一个容器中装满了有棱角的物体，当这个容器摇晃起来的时候，这些缺乏弹性的物体彼此更多的是碰撞和损毁（如图

20–1所示）。从本质上讲，喜欢这种“机械高执行”特质下属的管理风格，只是幼稚管理者的一种“错爱”罢了！

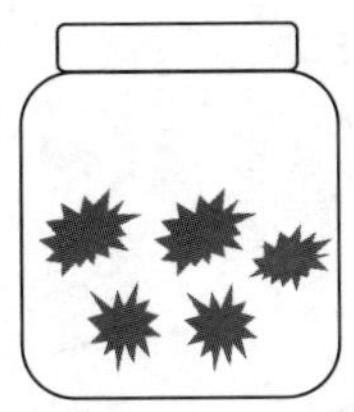

图20–1　缺乏弹性的组织在变革环境中容易引发冲突

具有这种思维特质和组织文化的企业，往往是那种亨利·明茨伯格（Henry Mintzberg）所说的机械式官僚结构组织[①]，而在那些“变形虫”式的组织结构[②]中，人们的思维往往有更多的变通性。单一判断组织中的人的思维风格是应当处于“逻辑层”，还是应当更多地进入“潜意识层”，其实并没有什么意义。然而，从领导者思维发展的角度而言，管理者思维只是在“逻辑层”，

---

① 亨利·明茨伯格（Henry Mintzberg）在《卓有成效的组织》（*Structure in Fives：Designing Effective Organizations*）第七章中对机械式官僚结构的描述是：“其设计参数的配置清晰一致：操作工作高度专业化、常规化；运营核心的程序非常规范化；规章制度和正式沟通贯穿于整个组织……决策相对集中；行政管理结构精细完善，业务部门与职能部门泾渭分明。”

② 亨利·明茨伯格（Henry Mintzberg）所描述的一种“高度有机化，行为规范化程度低”，更具分权特征和灵活性的组织形态。

就像是一名思维被固化的教育体系塑造的只有“是非概念”的小学生，一旦面对复杂多变的管理场景显然是难以胜任的。

在体悟式教练中如何操作才能让这种局限的思维显性化，从而让管理者看到自己的局限呢？我用的方法是一个“二级比较”的结构（如图20-2所示）：

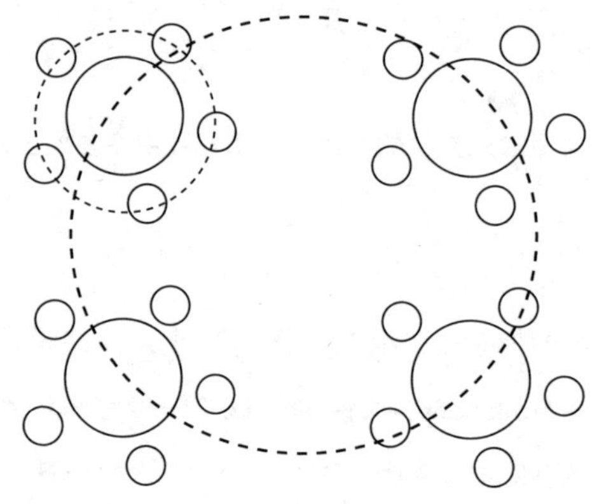

图20-2 教练通常运用的“二级比较”结构

“第一级”就是要在一个单独的小组中呈现不同，让小组的成员意识到这种差异的真实性，不能想当然地认为别人和自己的观点是相似的（而事实上，人们往往会假设别人的想法和自己的类似）。教练布置的第一个任务就是每个小组整合自己的理解，来给故事中的“夫妻沟通状况”打一个分数：从0分到10分做出判断。这里特别要提出的是，分组问题讨论是在组长带领下集思广益的过程，组员的观点经过充分融合，而非简单的呈现，这两种做法的区别是巨大的。用算术方法算出来的“平均分”很难得出一个真正的“小组评价分数”；只有充分碰撞融合才能给出小组作为一个整体的真实观点。我们要看到的集体智慧并不是一个算术平均的概念，而是一个集体所能达到的智慧状态。

第一步就是由组长带领大家讨论这个故事并分享组员的见解。

得出分数并不是教练引导的目的。作为一种引导的技术，这里教练需要做的是提醒每个小组在评分的同时给出评分的根据，也就是分数背后隐含的思维（如图20–3所示）：

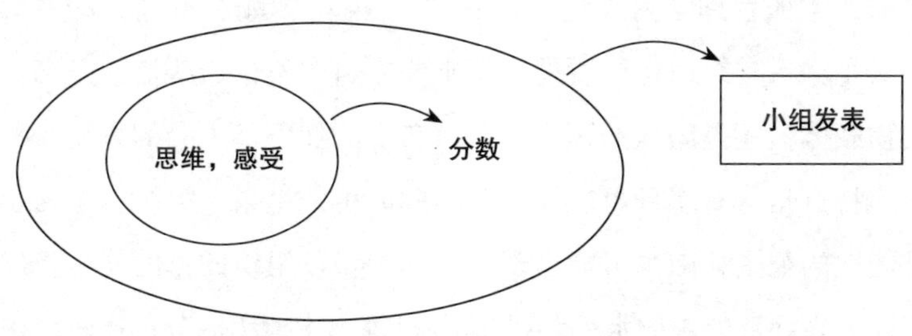

图20–3　从个体观点到小组发表的过程中包含了丰富的观察机会

让我们来举例说明一下：

某个小组给这对夫妻的沟通只打了5分。在分享的时候，这组的代表讲到几个打分的依据：1. 只从自己的角度出发和对方沟通；2. 没有反馈确认；3. 虽出于好意和对对方的爱，但沟通效果不佳，生活品质因沟通而存在瑕疵，50年后才弄明白。因此综合来讲，只能给他们一个不及格的分数——5分。

在真实的培训中，我们会看到，同一家企业中的不同小组打分往往会有很大的差别。一般来讲，4～5组的分组中就能看到从0分到10分的各种典型评分。这并不是在活动中刻意引导的结果，也并不表明企业的文化不够清晰，而是人们心智的真相。似乎有一只手在运用学员们的心智在扔骰子。作为教练而言，用心体悟这个真相才有机会做出有价值的引导，而非以自己固有的理解刻意为之。

这种带来认知差异的“故事模糊性”正是这个教练场景所需要的，正如管理学家维克（Weick）所说：“模糊、不确定和歧义的信息输入是组织运行所处理的主要原料。不论这些信息是来自实物载体，还是固执的顾客、上级布置的任务、工会的意见，其共同特点是具有多种可能性，有不同的可能结果。组织就是缩小可能性的范围，减少可能出现结果的数量。组织的目的就是将确定性提高到可处置的水平。”① 这种教练当中运用的分级比较结构就是这样的组织，而这个组织的系统是开放性的。

四个小组给出的分数可能是这样的（如表20-1所示）：

①《组织理论：理性、自然与开放系统的视角》第4章：维克的组织模型。

表20-1　四个小组的分数

组名	分数	理由
A	0	…
B	3	…
C	9	…
D	7	…

在组内讨论之后，学员对自我和他人有了一次审视，而在小组分享的阶段，学员们的心智视野又得到了一次甚至多次换框的机会。不管是倾听自己组或是其他组发表的学员，还是发表观点的学员本人，在这个分享的过程中都有这样的机会。

每组差异出现的时候，教练的机会也随之而来，这恰恰是引导的关键时刻。

“夫妻之间沟通的最根本的目的是什么？”

我通常会问这个问题，此时学员的心理状态就像一群在一个熟悉的游乐场已经玩尽兴了的小朋友们的心情，引入一个思维画框之外的问题会重新激起他们的兴趣。

对这个问题的回答往往是会快速统一的，因为核心的价值本来就在学员的心中，只是很少被拿出来用于指导具体的问题。驾驭那些日常的管理问题的往往是“习惯”或叫“习气”。

作为教练，你要做的就是在适当的时刻提出问题，把本来澄明的核心价值放在学员面前就可以了！

机会再一次出现了！在这个核心价值的“照耀”下，学员们会怎么看待自己经过深思熟虑得出的分数呢？又会怎么看待自己的思维呢？

我在此时问的问题是：“现在有没有哪组愿意改变刚才给出的分数呢？”

这就相当于在一个黑暗的房间里打开了灯的开关，让刚才在黑暗中说出了房间里面摆设的人们再次做出判断。

在审视了自己的分数之后自然会出现两种情况：一种是愿意改，另一种是不愿意改。而“改”或“不改”也并不是教练引导的目的，目的依然是使学员“看到”思维。因此，接下来需要由学员分享的是，“选择改变评分的思考”或者“选择不改变评分的思考”是什么？

在这个过程中，人们的心智特征又一次真实地呈现了出来。作为教练，你可能看到学员对自己思维模式的维护和坚持，也有机会看到学员从自己思维模式中解脱后的顿悟或信心倍增。每个人或组织所选择的“灯光”是不同的，而是否“看到”或“看清”，也并不取决于“灯光”，而是依赖观察者的态度以及自我观察的勇气。虽然“灯”已打开，但是教练进行到这里就像一部电影才演了一半，还没有进入高潮部分。因为在一个培训项目中，作为培训师的教练还需要把教练的焦点对准管理者的思维，甚至是具体的管理场景。

在这个作为引导载体的故事中，本质上说，打几分并无是非对错之分，只是投射出一种看待问题和观察管理现象的心智。用这样的方法可以给每一位学员呈现出一种更接近“完整”的思维画面，对教练自己而言也拓展了考虑管理问题的可能性。

如果你打了一个很低的分数，很可能是关注事情的具象的事实，重视逻辑和规则，关注目前的现实，却可能容易忽视长期价值和问题模糊性的事实。

此时，作为教练的你就可以依照你的知觉问出属于你自己的问题。例如，我通常问的问题是：

“如果没有‘吃错’的话，这对夫妻的生活是否会更加幸福？”

“作为管理者，我们期待的‘完美’是现实世界的真相吗？”

“难道这对夫妻真的不懂得确认对方到底喜欢吃什么吗？有没有别的可能性呢？”

“我们自己的思维是管理者思维还是彼得·德鲁克所说的‘助理’思维？”

“管理者除了有一双‘不揉沙子’的眼睛之外，还需要有什么样的眼睛？”

……

两种被割裂的心智重新融合会让思维的假象褪去，让真相开始浮现出来。

通过这样的“拷问”，学员的思维就有机会从故事的场景中跳出来看到更开阔的世界，也就有机会在现实的管理场景中发挥自己的领导力（如图20–4所示）。

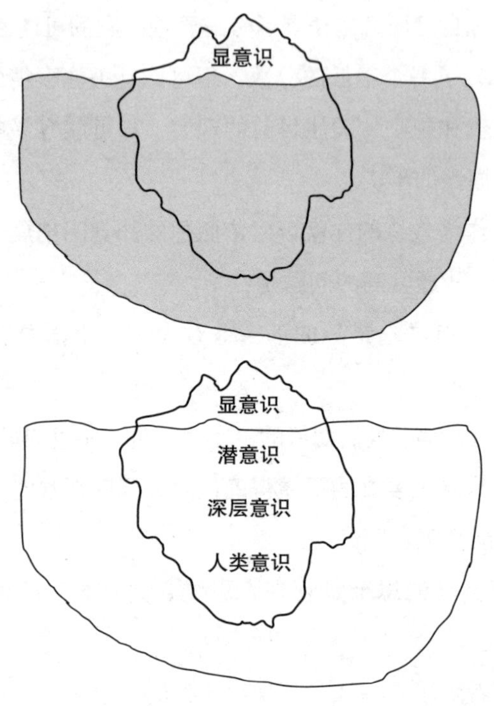

图20-4 教练点亮了学员“意识的房间”

这个环节是开放性的，教练的影响力真正发挥作用的原因还是教练本身感知到了管理思维的真相，却没有在一个封闭的结构中“逼迫”学员做出“是非对错”的选择。教练只有和学员融入一个“场”，这个体悟的过程才会变得让人愉悦而又富有启发。

当然，之后，培训从流程上来讲，教练还可以用真实的案例来说明或者展开学员实际案例的讨论分享，也可以用心理学的相关理论来提炼或总结管理者思维的层次。如果把握了管理者思维的本质，至于从哪个角度来和学员加深互动，那主要就是教练的个性风格的问题了。

用一个流程图来概括这个教练的过程（如图20–5所示）：

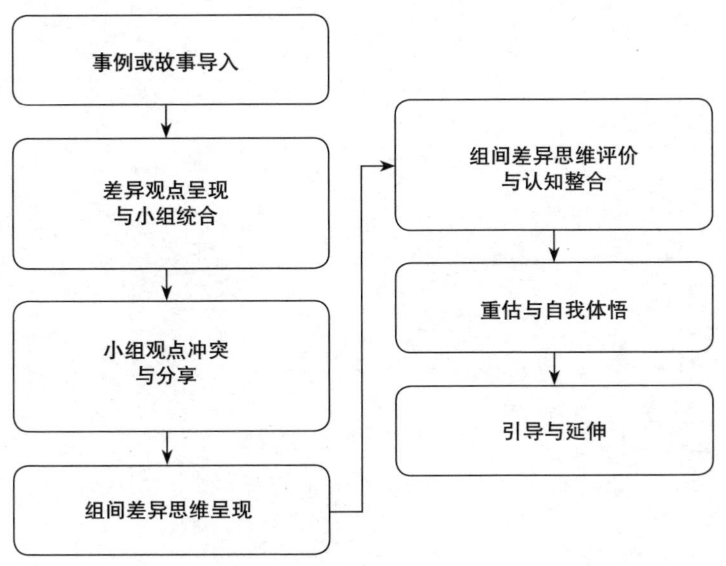

图20–5　群体比较的教练过程

这个教练的过程是一个“个体心智回归集体”的过程。集体之中蕴藏着心灵，从向上生长的个性枝叶回溯至心灵根部，是每一个成长的心智所需要经历的过程。通过个体之间、群体与群体之间的比较、碰撞，散落在个体间的管理碎片渐渐融合，真相最终会被学员发现、理解。

第 21 章

以集体采访策略收集心灵碎片

教练看到的是大海，而非水滴。群体和个体是不同的世界，教练面对群体看到的也不是散落的个体。群体是教练的对象，也富有教练的资源，群体投射了深层的个体信息，理解群体即能窥见心灵。

体悟是从个体的心智局限中解脱出来的过程。“智慧老人”存在于人的集体意识中。发现集体意识中的“阴影”同样是亲近“智慧老人”的过程。这种荣格式的心理过程怎样在具体的培训过程中发生呢?

所谓集体意识当然也无法脱离个体意识而存在，个体是我们收集集体意识的一只只贝壳，把这些个性的贝壳拼在一起，就有可能得到一幅具有大海气息的图案。

那么，我们从学员个体采集的是什么信息呢?

对于不同的培训主题，采集的东西当然有所不同。例如，管理技能的话题，你所采集的就是管理者个体的管理行为;而自我认知的话题，你所采集的就是对自我或对他人的认知。为什么自我认知的话题会采集对他人的认知呢?因为“自我”是指集体意识层面的“抽象自我”，不是个体的自我（自己），你对他人的认知也是“集体自我”认知的一个碎片。

在这种关注抽象概念的训练中，受教者有效的体悟是如何产生的呢?我们举一个自我认知的例子来看一下:

在“情商管理”的教练主题中，自我认知是个重要的话题，而如果把这个部分停留在测评（无论是专业的心理测评还是游戏互动式的测评）的阶段，就只是关注了对“个体自我”的审视。

这种对“个体自我”的关注固然重要，却难以为学员创造出一个生动的回归集体意识的机会。如果那样，你永远只是一颗沙砾，而不是一片沙滩上的一粒沙子。学员所得到的有关自我认知的教练的价值将颇为局限。

把个体中的集体意识呈现出来是一个整合的过程（如图21–1所示）：

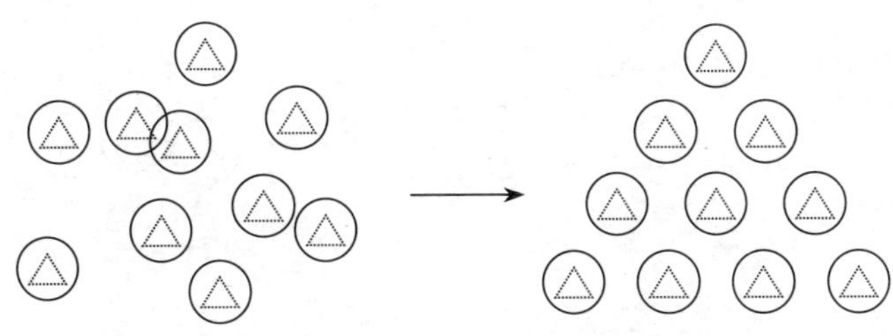

图21–1　通过集体来显现出个体内在的“实相”

那么这个“实相”是如何通过教练的技术方法投射显现出来呢？

从分析心理的角度来讲，人的内心有不同的“原型”共同存在着，如“小人”和“英雄”。那么，怎么样让学员体悟到内心的“小人”和“英雄”是共存的呢？其中一种教练方法是运用集体采访，把这种抽象的心理结构显性化。

例如，面对四个分组的学员，就可以通过在集体中收集信息来呈现内心的“原型”（如图21–2所示）。

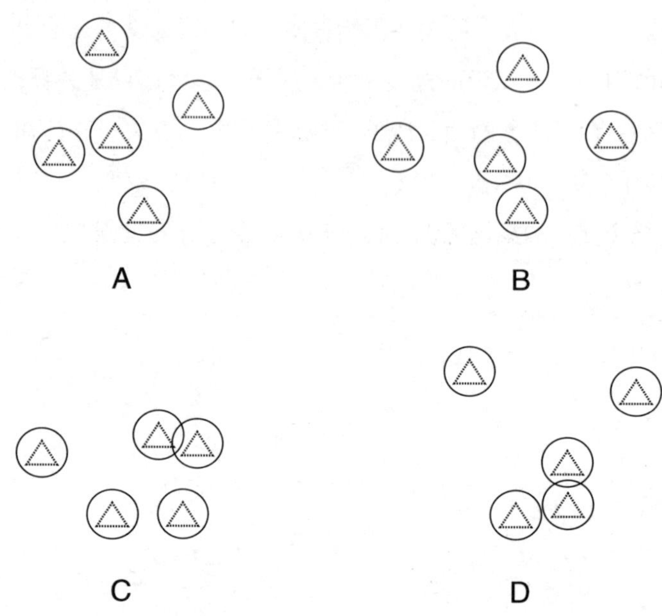

图21-2　深层意识散落在四个不同心理状态的分组中

教练最基本的技术就是"问"。而问出真相却并非一蹴而就的事情，怎么办呢？那就多问几次。想想看，一个问题你被问一次和被问三次的体验是一样的吗？如果你对被这样反复提问没有感到厌烦，这个问题又促发了你的思考，多次提问就成了一种有效的教练行为。单次的体验和重复的体验会有不同的契机，这就是重复的力量。如果你看过电影《心灵捕手》，想必你一定不会忘记一个镜头：那个不羁的数学天才少年面对着他的心理辅导导师，而这位导师对他不厌其烦地说着同一句话，直到他心灵深处的东西被唤醒：从心不在焉到对抗，再到失声痛哭，打开了自己封闭已久的心灵。让这种封闭心灵改变的不是什么玄妙的心理咨询技术，而是那句不断被重复的“那不是你的错”！

如果说那句“那不是你的错”抚慰的是心灵当中的伤痕，而“不停地问”则可以叩响心智的大门，让人们幸运地看到心灵与思维的真相。这样的幸运很大程度上来自于问题的设计（包括问题的内容和互动的方式），好的设计让问题像趁手的工具一样容易使用，因为没有多少人喜欢单调地被问到同一个问题，尤其是在培训这样的场景中。

教练本人当然可以向学员提问，而这种“问法”在这样的集体活动中却不切实际。你没有那么多时间，作为观察者的学员也没有这么多耐心。人数众多可以是教练操作的障碍，也可以成为资源。此时此刻，学员的群体资源就可以运用起来了：设计一种互动方式来“互问”是个不错的选择。如果你要呈现心理的两种因素，那么就可以分为两组。然而，两组的简单分组在每一组当中只能问一个角度的问题，或者一个人问两个不同角度的问题，这样就容易带来思维上的混乱。因此，另一种选择就是分成两个类别的四组，那么每一类问题就可以从自我和他人的两个视角来收集心理信息（如图21-3所示）。

具体的问题设计可以是这样的：

不同的组有自己的问题。例如，A组要向其他组的人通过问A问题来采集信息，其他组也是一样。

A、B、C、D组各自的问题如下：

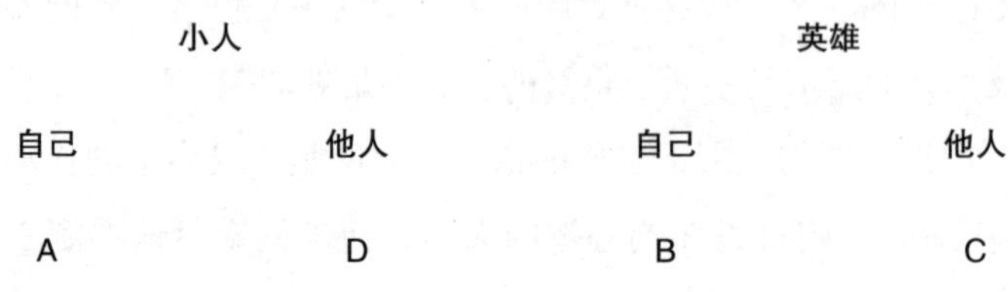

图21-3　心灵信息收集的结构

A：回忆你做过的最懊悔的一件事或经常懊悔的事，总结描述自己在其中的形象特征。

B：回忆最令你自豪的或常感到自豪的一件事，总结描述自己在其中的形象特征。

C：回忆你最敬佩的或时常敬佩的某个人的具体行为，总结你对他/她的典型印象。

D：回忆你最厌恶或常常厌恶的某个人的具体行为，总结你对他/她的典型印象。

你可以根据你的教练目标来确定问题的设计，在这个案例中我设计了四个问题，你也可以设计更多的问题来代表两个方面的心理能量（“小人”和“英雄”）。其中A和D代表了“阴影”，而B和C则是积极的自我意识。

至于采集信息的方式，你也可以根据活动的时长、信息采集的深入程度和学员的状态来设置。例如，需要充分交流并且有条件充分交流的情况下，你可以安排所有可能的两两组合的交流：（AB，CD），（AC，BD），（AD，BC）。也就是说，你可以安排三个轮次的“互问”，通过这样充分的群体交流来获取心理信息。当然，这个过程并不是完全开放的，作为教练的你在这个过程中并不轻松，你有许多引导的机会要把握住，尤其在第一轮，学员还处于新鲜的尝试阶段和心灵交流的好奇状态。

当第一轮结束后，就是你开展“一对多”的群体教练的时机了。学员的疑问、反馈和体悟都值得在这时来做一个整理。做好了这些，接下来你就可以开始第二轮和第三轮了。在这种类型的教练中，中段部分学员的疲乏状态往往是教练需要多加关注的，无论是采访者还是受访者在获取了大致的信息之后，都可能会觉得“应该差不多了”。从教练的目标来讲，你希望看到更加真实而清晰，以至于富有细节的心理信息，因此，在这个阶段的引导往往更加考验教练的功力。

需要提醒的是，作为教练，并不只是按照流程把这个形式走一遍而已。这其中每一轮的交流都是一个深化的过程，如果只是重复之前做过的事情，学员参与的热情有可能很快就下降了。如果参与的学员甚至是教练本人都只是为了拿到一个交流的结果，这实际上必定会浪费学员的心理教练资源。

在这个采访过程完成之后，你可以把学员采访到的关键词整合（并非简单的相加）起来，最终“A+D”的关键词会描绘出某个形象，“B+C”也是一样的做法。你也可以引导大家把两个形象描绘出来。我在培训的时候就有善于绘画的学员，画出了可爱的天使形象和卡通的恶魔形象。

现在，通过这种类似“自组织”的互动，心理的两种能量就得到了显性化结果。

这时，在教练的引导下，学员们能够体会到这两个形象就是来自于自己和同一个培训空间里面的其他人的“内心信息”。同时，教练可以问学员一个关键问题：“假如今天做训练的是我们自己厌恶的那些人（问题D中的那些我们讨厌的人），结果会是怎么样呢？”

有所体悟的学员会回答：“结果也是一样的！”

在这一刻，学员们会“顿悟”到自己的内心和他人的内心是相通的，即便是那些我们厌恶的“小人”，也是在集体意识层面和我们在一起的。

这个教练的方法就是以集体资源设计互动形式，通过这样的互动收集了个体深层意识中的信息，整合之后，以具体的形式显现出来（如图21-4所示）：

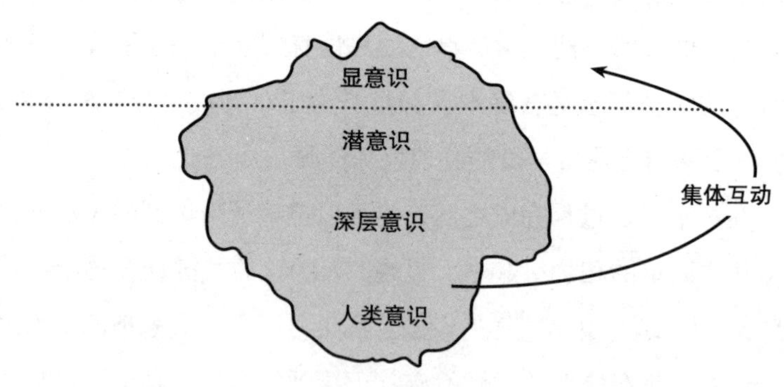

图21-4　通过集体互动让深层意识浮出水面

运用这样的方法有赖于教练对集体的理解：教练所看到的“集体”是有不同层面的，有培训组织中的学员集体，也有人类集体，同时不要忘了，还有个体心智中的集体。用看得见的集体行为投射出看不见的心理集体才是教练要做到的事情（如图21–5所示）。

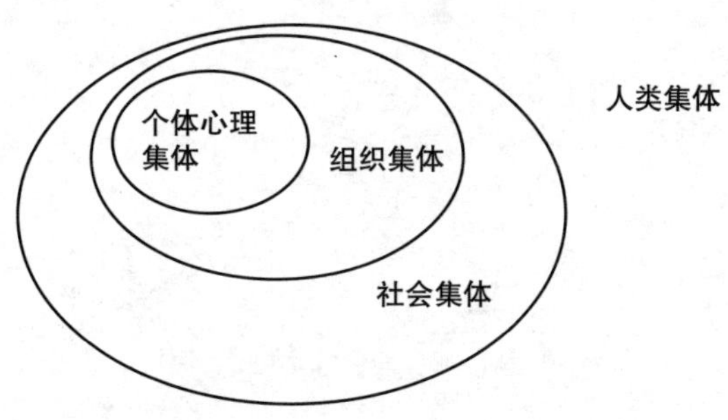

图21–5　教练思维中多层次的集体结构

第 22 章

从“修行”入手的编剧方法

编剧不是编别人，而是编自己。编出来的行为是改善的立脚点，先“修行”，再“修心”。

编剧是电影创作的核心环节，也可以在体悟式教练中发挥出神奇的效果。我在课程“时间探宝图”中就运用了这种方法。

这个方法的运用，来自于我对时间管理这个培训主题怎样讲得“生动”的探索。

对于时间管理这个课，我多次听到培训顾问和培训师说，这个课讲得“生动”并不是一件容易的事情。这样的理解也属必然，时间管理的一般理解是自我管理，而自我管理中如果缺乏对“时间思维”的管理，就会把课程搁浅在“术”的层面，难以对学员有实质性的启发。“干巴巴的”讲解状态让培训师像是一个表演技艺不佳的丑角。失败的表演只是一个人“在表演”，而不是全场的观众投入其中。实际上，让课程“有趣”（娱乐化）起来对于职业培训师来讲并不是多大的挑战，而“有趣”和大家所期待的“生动”还不是同一种东西，学员所期待的“生动”靠的是“心道合一”之后的“感动”。感知真相，为其所动，这才是大家内心所期待的。

那么如何让时间管理这个课程改变枯燥的面目而令学员愉悦地投入其中呢？仅仅靠娱乐和表达技能虽然可以治标，但并非真实的教练解决之道。在经历了一番探索之后，我们已经厘清了时间管理思维和技能方面的内容，材料和结构都有了，如何让一个

设计“活起来”呢?让我们来看一下这个案例:

弗兰克的一天

弗兰克是某公司的市场部门主管,后天公司要召开年度计划会议。作为市场部主管,他要在会议之前提交下个季度的市场部门工作计划。

弗兰克感到今天是任务重大的一天。

经过一路堵车,弗兰克终于在9:00来到了办公室。望着窗外繁华的都市景象,他的心情从刚才堵车时的郁闷一下子开朗起来。他做了一个深呼吸,准备投入到今天繁忙的工作中。

弗兰克打开了电脑。电脑桌面已经被各种文件和文件夹充斥着,他意识到这样的状况必定会影响他高效率的工作。必须改善,说干就干,弗兰克紧盯电脑屏幕,把各种文件按照它们的种类建立了文件夹,把文件归入其中。做好了这个准备工作,弗兰克内心颇为舒畅。这时,20分钟已经过去了。他颇有成就感地站起身来,活动了一下脖子,拿出杯子快步走到公司休息室。虽说他一直惦记着今天要做的计划,可此时他想:“季度计划做起来可是个费神的事情,还是先提提神,磨刀不误砍柴工嘛!”

打开咖啡机,泡了杯咖啡,弗兰克准备回到办公室享用……

“嗨,弗兰克!”昨天刚出差回来的销售部同事彼特拿着咖啡杯子热情地向弗兰克打招呼,彼特平时就经常在下午不忙的时候找弗兰克聊天,话题涉及大家都喜欢的足球、旅游,娱乐新闻也是彼特聊天的“主菜”,弗兰克虽然兴趣不大,通常也会表现得兴趣盎然。几句闲聊下来，一刻钟的时间轻松愉快地过去了……

品着咖啡，弗兰克打开了网页。今年国际经济形势对公司影响颇为明显。财经信息和国家经济政策方面的内容是弗兰克经常浏览的内容。弗兰克认为，作为公司的市场部主管，不了解公司所处的经济环境，怎么能够做出高质量的计划呢?

弗兰克被一篇分析行业趋势的文章吸引了，认真地读了起来。读完以后弗兰克意犹未尽，又找了几篇类似的文章研究了起来。不知不觉，墙上的时钟已经指向了十点一刻。

这时，电话铃响了起来，一个长期合作的公关公司的主管琳达邀请他下午洽谈下半年的合作思路，约见的地点安排在一个环境优雅的咖啡厅。这正是弗兰克最钟爱的工作方式，在弗兰克的脑海中，这种下午茶式的轻松交谈往往能够碰撞出灵感的火花，花两三个小时的时间是很值得的!

虽然他意识到这可能会影响到他制订工作计划的时间，可是这个迟疑在他的大脑中只闪现了0.1秒钟。他爽快地答应了琳达的邀约，时间定在下午两点。

此时，弗兰克开始正襟危坐，建立了一个PPT文件。刚写了个题目，电话铃声又响了，是销售部门上午十点三刻要召开一个工作会议，由于内容涉及市场部，主持会议的公司副总建议弗兰克列席并参与讨论。

看了一下时间，离会议召开还有20分钟，弗兰克心想：20分钟时间太短了，还是继续研究一下经济形势，晚上把计划带回家里完成吧……

这其实只是弗兰克一天时光中的一部分，9点钟之前以及中午之后的时间并没有呈现出来。也就是说，这是一个残缺的案例。为什么不给出一个完整的案例呢？实际上，案例是否完整并不取决于案例是否真的覆盖了一天的时间，而是取决于教练目标的设定。在这个案例中，时间上的“缺失”正是教练学员的机会，“缺失”的部分可以交给富有才华、想象力丰富的学员来完成。这往往就是“半开放式”案例的教练价值所在。有了这个“残缺的”案例，才有学员创造和体悟的机会！

接下来的任务就是每个小组来创作属于自己的“弗兰克的一天”了。这就像小朋友们在一张白描的图画上涂上自己喜欢的色彩。

对于喜欢阅读或者写作的朋友来讲会更容易体会到，深入的阅读和创造性的写作会激发出你内在的能量。你并不只是按照逻辑和结构在阅读或写作，而是把自己投入情节和场景中，你自己就是那个场景中的一个角色或者旁观者。这样的深度阅读或者创作体验对人的影响往往是深入而持久的。你用心经历过一件事情的话，这件事情有可能成为你一生中的“典型场景”。人的记忆大多会在生命时间的冲刷之后淡化，而这些“鲜亮的典型场景”却会像人们精选的照片或家庭生活视频一样收藏终身。

当学员把自己投入一个场景中的时候，心理的“投射”自然而然地发生了。学员在快乐的剧情编排过程中，已经把自己给“编进去了”。不管是曹雪芹的《红楼梦》，还是钱钟书的《围城》，都“投射”了自己生活的影子，这种创造性的“涌现”在使用编剧方法的教练过程中也是非常普遍的。

有一次在我给一家日资企业培训中，一个小组的组长（一名女士）是小组里面级别最高的主管。让人意外的是，这个小组编出来的“弗兰克的一天”的“剧本”除了设定的部分，其余部分就是这名主管自己真实的生活内容。在这个层级意识显著的企业组织中，整个小组的成员都忽略了案例中弗兰克是一个男性角色，把富有权威的组长“忠实地投射”进了案例。

通常来讲，一个组员充分参与的小组所创作出来的剧本，往往会反映出组员们的真实生活状态或内心中低效能管理者的典型行为。总之，组员们创造的这个形象来自于自己的生活。

编剧的教练方法首先关注的是行为。行为当然是和思维互动的，然而行为却是一名学员更加容易去发现、去评价的。所谓的编剧在培训中也并非真的要去创作出情节跌宕起伏的剧作，也用不着去学习编剧的专业技巧和规则，编剧的核心是把具体的管理者行为呈现出来，至少是把典型行为呈现出来。

在一个培训中，如果学员把案例内容编得太过复杂的话，在培训中应用的价值就会“打了折扣”，这种情况下就需要教练在分析行为的阶段花一些功夫：在学员细节繁复的“脚本”中抽离出具有典型意义的行为。在具体的训练中，这对培训师本人而言是个考验。培训师首先要能够从纷繁复杂的管理行为中解脱出来，才能有效运用这种富有开放性的方法。这也是为什么要设计一个“半开放性的”典型案例进行引导的另一个原因。在设计这个案例的时候，案例的趣味性、真实性和教练的工具性之间需要有一个平衡（如图22-1所示）。

为了让不同思维风格的学员都能体会到这个训练的价值，作为教练，也可以在训后或者训前做一个心理投射的测评或者是互动游戏，让有探究倾向的学员更加清楚地理解这个训练的价值。当然这种“把话说白了”的做法大多时候是不必要的，甚至会适得其反，破坏了学员的体验。把体悟感知的原理告诉学员可能会减少学员顿悟的机会，这个“知”和“悟”的把握就需要教练基于情景来做出选择了。

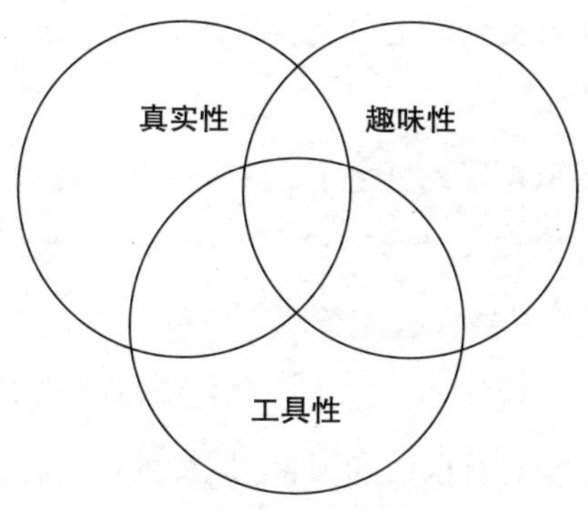

图22-1　运用编剧方法的时候要考虑的三个要素

为了让编剧能够顺利地在培训中展开并且符合培训时间控制的要求，教练应该给出一些编剧的基本原则或者说是“教练编剧”的具体原则。例如，教练可以提醒学员，编剧要弄清楚角色的身份特征：弗兰克是单身呢？还是已婚已育呢？你觉得他的个性如何呢？等等。

甚至作为一种互动的方式，教练还可以引导学员用夸张的方式来编排弗兰克的行为。这样的话，弗兰克作为一名低效能经理的行为，往往会在分享的时候制造出不少“笑点”，令人印象深刻。实际上，这就是漫画和写实的区别。在愉悦的氛围中，学员更有可能碰撞出灵感的火花。在一次编剧的过程中，有一个小组在呈现自己的“剧本”的时候，主动采用了表演的方法把“弗兰克的一天”夸张地演了出来，这场演出博得了现场“观众”的阵阵掌声和欢笑声。

在编出来能够促动内心的行为之后，编剧方法就开始着眼于对行为的分析了。

行为能够展示在聚光灯之下，就容易看得真切了：哪些是“好的行为”，哪些是“不好的行为”，通常一目了然。然而，有时候“行为的好坏”并不是这么简单明了。一个现实当中的具体行为往往是复杂的。从效能的角度来讲，一个具体行为可能包含了高效的因素，也可能具有低效的因素；同样的行为在不同的背景下，是高效行为还是低效行为也会发生变化。而学员在训练的过程中往往表现出来“单一化”的思维特征，容易把行为的“好坏”做绝对化的判断。以弗兰克为例来讲，弗兰克来到办公室以后站在玻璃窗前发呆，这个行为是高效行为还是低效行为呢？

让我们来看一下（如图22–2所示）：

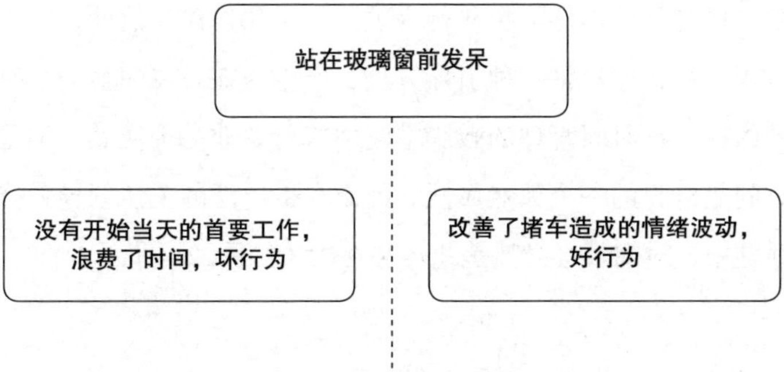

站在玻璃窗前发呆

没有开始当天的首要工作，浪费了时间，坏行为

改善了堵车造成的情绪波动，好行为

图22-2　行为效能的两面性

这种思维层面的体悟往往需要在行为改善练习中体现出来。我的具体做法是，在编剧完成以后，让每组针对自己组的剧本来进行行为改善。在这个训练当中，有些人会产生思维上的混乱。通常，我们会看到合理行为也有“被改善”的情况。例如，在某个小组的剧本中，弗兰克花了半个小时吃了中餐。这本来是正常的行为，却被改成了10分钟的午餐时间。

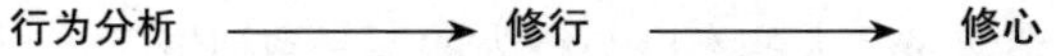

行为分析 ⟶ 修行 ⟶ 修心

图22-3　从行为分析到心智修炼

对行为的修炼最终会来到“修心”的层面（如图22-3所示）。

编剧方法是一种引导学员从行为关注入手的修法。然而，作为教练应当明白，这只是一种引导方法，产生内在心灵的触动才是教练的内核。在时间管理的教练主题中修行并非一种偶然，那是因为时间是行为的一个天然属性。因而在更广泛的关注领导力修炼的话题中，时间轴也必然是相伴存在的（如图22-4所示）。

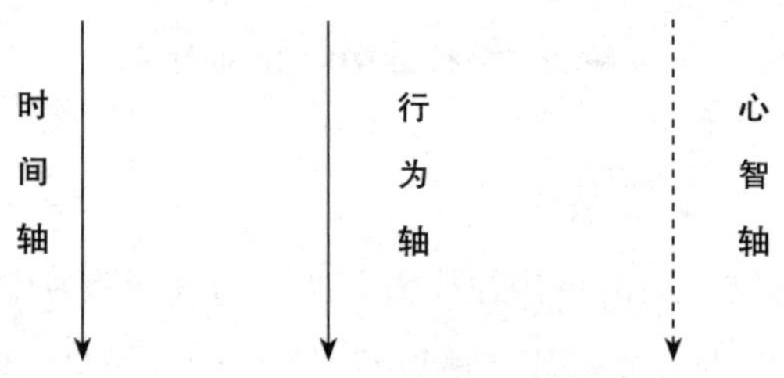

图22-4　编剧方法所关注的三条轴线

虽然这里举了一个有关时间管理的案例来加以说明，实际上这个方法是通用的，尤其是对于那些聚焦于行为层面的管理话题。例如，DISC 相关的沟通与管理场景的演练与改善。

从心理学对“人的态度与行为的不一致研究”① 以及“认知不协调理论”的研究来看，呈现出来行为的真相，就很容易发现行为和心智的“不协调”，这种行为和心智的分离也就形成了一

① 斯科特·普劳斯．决策与判断［M］．施俊琦，王星，译．北京：人民邮电出版社，2004

种整合与改善的动力。例如，在冲突沟通的行为分析中，往往可以看到把冲突因素向沟通对象归因的现象，了解到这种行为真相的学员很容易产生顿悟，从冲突的场景中解脱出来。

演练和编剧在行为分析的角度来看是相通的，只是相对于角色的场景演练，编出来的“剧本”可以关注到更多的细节，也更容易投射出自己的特质（如图22-5所示）。

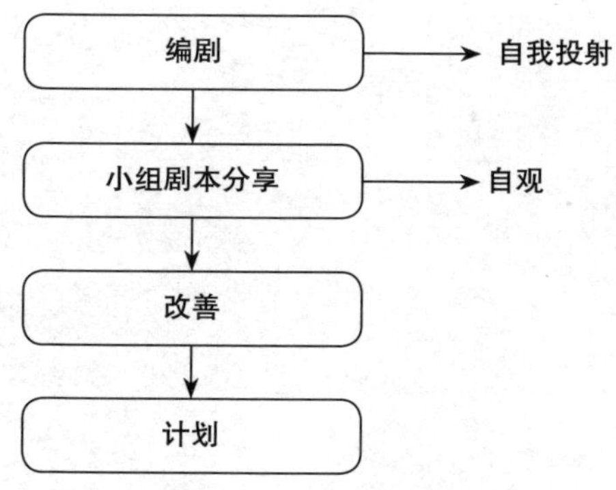

图22-5 从行为分析到行动改善

第 23 章

体悟的弧线与课程设计

好的课程结构是学员心理结构的反映。“借鉴他山之玉，取人之长，为我所用”是个不错的选择。在这个方面，小说与电影创作值得我们学习。

体悟是有层次的。作为一个培训课程而言，课程的整体设计会影响学员体悟的品质。“整体”无疑是“心智发展设计”的重要资源。

一名有热情的教练在刚成为教练时容易出现的一种问题就是：在培训当中安排了太多“有料”的内容。“好东西”太多了就不那么好了。因为你面对的是需要心智突破的学员，教练的效果如何并不是仅仅考虑传输的信息量，更为核心的是建立关系，创造学员“从零到一”的成长。即便教练在知识的储备上像一架装满了油的空中加油机，如果输油管道的连接出了问题或者根本就不匹配，那么战斗机也难以获得必要的燃油去投入战斗。

实际上，一场教练式培训应当是一个故事，其结构不是知识固有的结构，而是学员思维和心灵发展结构的投射。也可以这样理解：教练除了要关注装在管道中的原料，还要关注管道的形状，因为这个形状会影响管道中化学反应的效果。这个管道显然并不只是具有传输的功能，而是一个有效设计过的反应容器（如图23–1所示）。

值得思考的是，什么样的课程结构设计才更容易带来体悟式的效果？

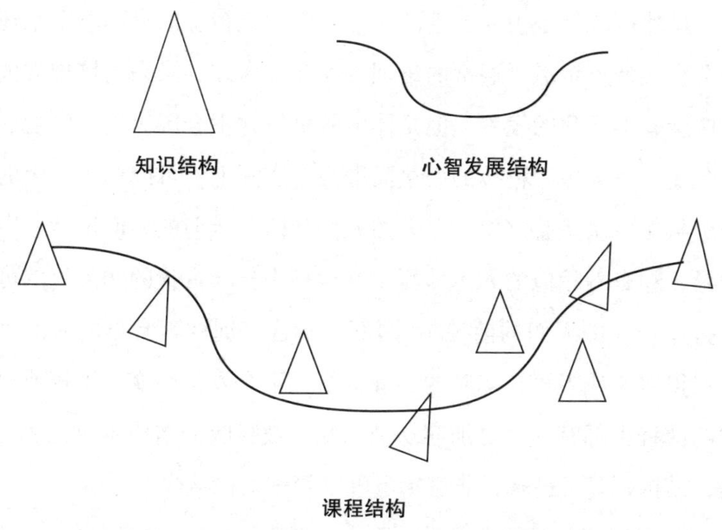

图23-1　知识结构、心智发展结构和课程结构

最常见的培训课程结构逻辑是流程式和罗列式的。那么这两种结构的体悟效果如何呢？先不去考虑培训的具体场合以及培训师所运用的教练方法，从课程结构这个角度看体悟的效果，罗列式的课程结构往往是一种不完全归纳的分主题结构。例如，讲跨部门沟通的话题，一种罗列式的结构可能包含了以下几个模块：部门分工与合作的价值、跨部门沟通当中的冲突管理、有效沟通与表达技能等。当然，在一个具体的课程当中往往是罗列和流程的混合式结构。然而，从学员体验的角度上来讲，我们还是可以辨识出一个课程的主要结构属于哪一类。

罗列式的课程结构就像是一个电影院里上映的不同场次的电

影，虽然可能都是引人入胜的片子，但一天精彩的电影看下来还是会令人疲乏不堪。通常的培训一到两天居多，未来的培训方式固然会有多元化的发展，但是体验的价值并不会因为技术的发展而改变，只会借用科技的力量而增强。实际上，可以把人一生的经历看作一次体验之旅，今天的人们和两千年前的人们虽然经历迥异，却有着相似的人生体悟（这也是为什么古代的作品仍然可以打动现代的人们的前提）。因而，不管培训课程常见的时间会演变得多长或多短，体验的心理价值并不会发生突变。再短或再长的课程也都有一个更加容易被感知、被吸收的结构（要说明的是，结构不等于逻辑，非逻辑也可以看作某种结构）。

而对于流程式的课程设计而言，课程模块之间的逻辑关系基于主题本身。例如，一些技能性的培训，主题按照逻辑上的步骤展开是再合理不过的了。如果罗列和流程都是基于所传达的知识本身，说明课程开发者还没有建立起来教练的思维。如果转换了思维，在课程当中，同样的罗列和流程也可以是基于学员思维而安排的。

这个问题的本质是：罗列式和流程式的结构是“整理型的”心智结构而非突破型的，整理虽然有其价值却并非教练的要义。那么什么样的结构更能产生学员体悟呢？培训师的目光最好从课程当中跳出来，看看小说和电影的结构。

小说或电影的结构自然也有其套路，例如所谓探宝模式、复仇模式等，这些模式的由来探究起来的话，还是源于人们内心的“原型”，历经万年的进化，人们的内心当中早已有了种种版本的“故事”。除了这些“故事”，小说或电影对于情节的安排也都有着成熟的探讨。举例来说，小说的写作当中的“线”就是一个培训开发设计值得借鉴的要点。

那么，是不是弄明白了小说的情节构造或电影的剧情编排就可以轻松开发课程了呢？回答这个问题，我们需要弄明白培训课程这种形式和电影以及小说形式的不同，造成这种不同的核心原因是两类形式所承载的东西不同。

一部好的电影或小说无疑可以是一个好的培训课。然而，就通常意义上的小说或电影而言，它们承载的更多是比课程更广泛的体验，有人生的智慧体悟，也有大众化的娱乐。经典之作大都指向了启发智慧的层面，小说或电影当中的智慧更多服务于那些消费性的（当然这不是说那些优秀的小说或电影是缺乏智慧的，而是不同的形式指向是不同的）体验，而培训所承载的内容先天指向的就是智慧，体验是达到智慧殿堂的捷径，甚至是必经之路。如果一名电影编剧开发了一个管理培训，这个培训可能很“有趣”却不一定“有效”。因为“有趣”本身就是电影“开发”的主要目的，而对于教练而言，“有趣”虽然是不可或缺的手段，却并非目的。所以说，电影或小说的经典套路并非都适合课程，只有那些关注了观众或读者心智发展的方法才是值得我们借鉴的。在这个方面，教练应当作为学员向电影或小说的创作者学习。他们更懂得把握读者或者观众的心理结构。这正是一个好的课程“作品”所需要的。

“叙事弧线”就是一种可以借鉴的表达结构，虽然它被新闻与传播学教授杰克·哈特（Jack Hart）用于叙事性非虚构文学的写作，实际上在电影和小说中都不乏这条弧线的影子，对课程的设计也颇有启发。

杰克·哈特教授给人们描述的贯穿成功作品的“叙事弧线”并不复杂（如图23-2所示）。

杰克·哈特说：“一条真正的叙事弧线会随着时间向前延伸，看起来就像一股即将撞碎的波浪，蓄势待发，下一秒就要迸溅成美丽的浪花。”换句话说，一个好的表述结构是具有“势能”的。作为一个培训课程来讲，好的课程结构同样能够带来“势能”，正是这种“势能”推动着学员的心智在运动而不会感到乏味，而平淡的课程结构就像导游在带领游客游览一处平庸的景点，即便风趣幽默的导游是个称职的角色，但景致本身很难带给游客惊喜。

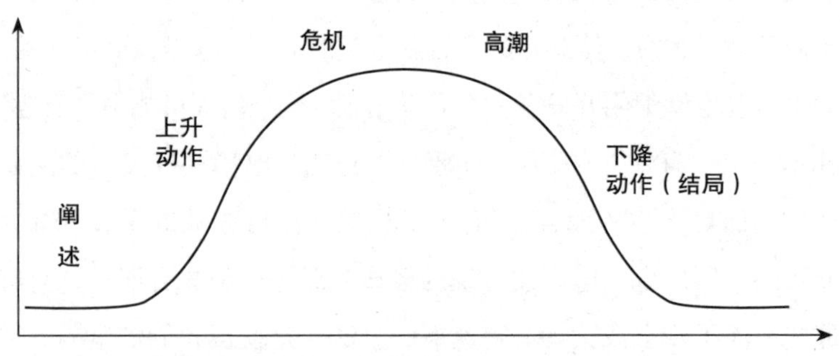

23-2　贯穿作品的叙事弧线[①]

在课程的设计当中，体悟式教练同样需要有一个平缓的阐述

① 杰克·哈特．故事技巧：叙事性非虚构文学写作指南［M］．叶青，曾轶峰，译．北京：中国人民大学出版社，2012.

及“上升动作”。在主题的“危机”不断积累放大之后达到高潮，同时也到达了开展教练的核心环节。在“下降动作”部分，往往是教练带着学员游览风景的最轻松自在的环节。然而，达到这样的效果，前半个部分的规划甚至教练自身的“自律”都是很重要的，这种所谓的“自律”类似于忍住向学员“剧透”的冲动，在合适的教练时机开展适当主题的教练才能达到好的效果。在那些优秀的领导力课程当中，这个结构的运用是普遍的。有的课程在流程上安排了这种有冲突的结构，让课程富有层次；而有的课程却选择似乎更稳妥的做法，按部就班地呈现领导力的相关模块，例如：目标、授权、辅导、激励等。然而课程设置了这些模块对应的测评，测评结果和现实的冲突形成了课程推进的“势能”。这种教练时机的意识不仅仅在整体的课程结构设计当中有效，对一个具体话题来说这样的教练原则同样有效。举个例子来说明这种叙事思维的应用：积极心理学之父马丁·塞利格曼（Martin E.P. Seligman）所推崇的积极心理培养的所谓“ABCDE”方法[①]，即事情（Adversity）、想法（Belief）、后果（Consequence）、反驳（Disputation）、激发（Energization），这其中的核心在于对消极情绪的及时反驳。反驳可以从四个方面展开，举例如下：

A. 你最好的朋友没有回你的电话。

B. 你想：我做人有问题，连最好的朋友都对我有看法。

① 马丁·塞利格曼 . 活出最乐观的自己［M］. 洪兰，译 . 辽宁：北方联合出版传媒（集团）股份有限公司，万卷出版公司出版，2010.

C. 你一整天都情绪低落。

D. 可能他在开会不方便接电话（1. 其他可能性）；前些天我们沟通还好好的（2. 证据）；我这样想真的会破坏我们的关系（3. 暗示）；胡思乱想有用吗？还不如……（4. 实用价值）

E. 还是放松心情吧，等他看到电话后会回我的。

对于这种套路式的管理方法的培训，往往难以令学员产生体悟的感受。这种方法本身就是典型的“知识罗列式”，或者说是一种一览无遗的“方法应用流程式”结构，缺乏意外和层次（如图23–3所示）。

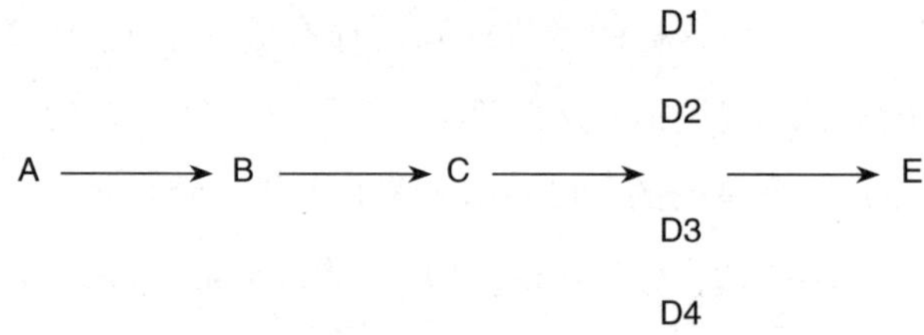

图23–3　以简单的流程式和罗列式的结构呈现课程当中的方法

作为教练也需要特别留意一下这种被“固化成SMART模样的”方法和原则。而实际上，许多教练却对这种方法情有独钟，在开发培训课程的时候往往会乐于把这些方法像砖块一样砌成一个课程。

对于这个例子当中的方法而言，如何开展教练才能创造体悟式的效果呢?

有效的前提来自于教练本身对所教练内容的融入和体悟，有了这样的理解之后，就可以按照前面提到的叙事弧线展开了：阐述部分就是把方法的原委交待清楚，这似乎是一个平凡的开始。在这个案例当中，“上升动作”来自于对案例的描述，从理论到具体化的案例，弧线开始上升。按照之前的做法，这个表达结构已经结束了，而按照叙事曲线的发展则刚刚来到“危机”的阶段。接下来，“危机”是什么呢？在实际的教练当中，你固然可以选择把案例演绎到精彩，甚至加入幽默的元素，在有趣当中结束这个主题的培训。而实际上，作为一个教练的过程，这个主题才刚刚进入实质性的阶段。因为真相往往是：学员心智层面的冲突和矛盾依然是存在的，只是教练掩盖了呈现这种真相的机会。这可能是来自于教练的忽视，抑或时间上的局限，也有可能是教练因为恐惧学员的质疑而故意躲闪。

事实上，我通过经常性的询问了解到：通常有一部分学员对这个方法是持怀疑态度的，甚至有的学员根本就不相信这个方法的有效性。尽管推崇这个方法的人是美国前心理学会的主席，是大牌的心理学家，然而，这都不是学员产生顿悟的原因。教练的要点并不在于“名气”之类的外在因素，而在于对当下真相的感知。培训师再怎么强调这个方法的价值也难掩学员心中的疑问，只有忠诚于内心的真相才能真的开始教练的步伐。也就是说，在学员的心智当中，这个“断裂”是有必然性的，如果教练“硬撑着”不让它断开，你也很难让这个裂痕真正弥合起来。

这种“危机”不仅是教练的时机，也是高潮的能量聚集。有经验的教练能够感知到这种能量在学员当中的聚合，也能够在这种能量聚集到合适的状态时，运用它更好地开展教练。

为了让这种能量显现出来，教练通常会在此时发问：

“大家都相信这个方法是有效的吗？”“认为这个方法没什么效果的请举手！”无论你是否采用了更为温和的表达方式还是单刀直入的表达方法，最终的目的都是显现这个冲突。接下来才是高潮部分的到来，你可以从学员的体悟当中问出来真相，也可以通过引导让真相浮出水面，甚至你可以把自己的体悟讲出来。此时，作为教练，你并不一定是一个教导者的角色，你更应该是学员当中的一员，是其中的一名分享者和体悟者。就这个方法而言，它创造的积极情绪的价值更可能来自于习惯的养成，而不是单次的套路应用。那些对方法怀疑的学员质疑的也往往是这个方法的“单次应用的效果”，而不是长期效果。因此，我们可以看到：危机的部分本质上是由于真相和认知不足的差异产生的；而高潮部分则是“心道合一”的融合过程。

之后的“下降动作”就像坐了过山车之后长吁一口气的放松，从思维的过山车之中回到地面，引导学员关联一下自己真实的经历或许是个不错的教练选择。“下降动作”是从思维的山顶回到现实的生活中。

我们回到对整体课程结构的讨论上，其中的道理是一样的。例如，对“管理者角色认知主题”的教练，促成体悟的核心价值是建立管理者对管理的信仰，而不仅仅是对管理方法技能的掌握（如图23–4所示）。

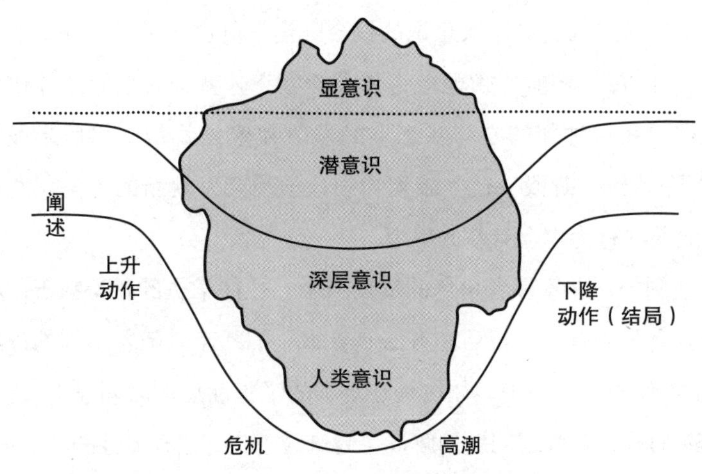

图23-4 “叙事弧线”是一次意识层次的下潜[①]

实际上，这个体悟的过程恰恰是带领学员进入不同的意识层次的过程。把“叙事弧线”和“意识冰山”重合可以看出来体悟的结构和意识层次的关系。

从这个角度来看课程的结构和体悟式教练的方法就比较容易理解，为什么管理者角色的培训更应当从显意识层面的方法、案例展开。当然，这个层面的展开同样可以运用富有体悟的管理游戏和互动的方式。当问题逐渐深入，显意识层面的方法难以处理管理实践当中遇到的挑战，或者在学员的意识当中，已经体会到了显意识和潜意识的冲突，那么这种能量的存在才给教练带来了

① 在这个倒置的“叙事弧线”当中，“上升动作”或许改为“下降动作”更合适，而“下降动作”则反之。

促动学员进入更深层次意识的机会。当学员进入了一种深层的状态，“回首”之前的管理行为和心智状态，就会有不同的体悟和理解。在这种新的心智状态下的发散和聚焦就是旅途后半段的“下降动作”阶段。这个旅程当中，学员会发现新的方法，对自己之前的行为也会有新的思考。

例如，在管理者角色的培训当中，往往学员的意识在于“应知应会”或者是“技巧和方法是什么”的状态。随着培训的进展（在实际的培训当中，往往是在培训的半程前后的时间段），这个层面的理解对管理问题的解读会越来越苍白，这种显性的“困境”也预示着教练机会的到来。在这个时间段里，教练应当引导学员关注的问题是:“管理者”和“经理人”不同的核心是什么？当然，这个引导往往不是直白的发问，更多的是围绕这类问题的心智交流（通常以会谈方式展开）。在这个主题的教练当中，我会引导学员思考一个有中国文化特色的问题:“和‘管理者’最接近的一个中国传统文化当中的角色是什么？”不管你用什么具体的方法，目的都是在“危机”中激发“高潮”。这种交流和碰撞通常会到达学员日常难以关注到的层次，所涌现出的灵感也往往能够带动学员群体的心智共鸣（如图23–5所示）。

最终，这种讨论和分享能够自然而然地带领学员进入到管理者自我认知的状态，对管理角色价值的思考也不再停留在达成绩效、搞定某些具体问题的境界，而是回归到更开阔而有效的心智框架当中。之后的“下降动作”将更为轻松自如，“高潮”部分的激发越充分，“下降动作”的内容就会越丰富。

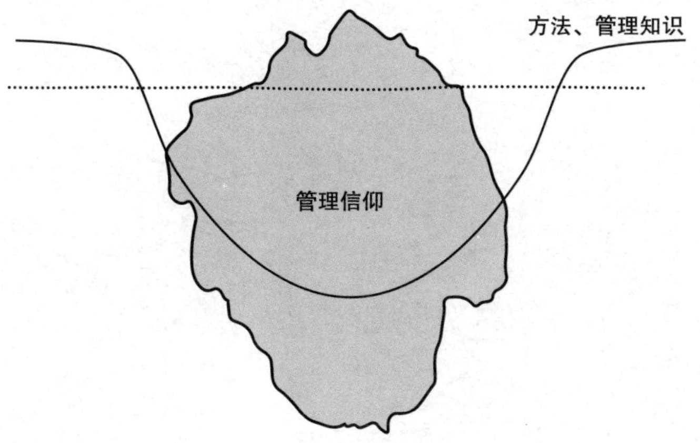

图23–5　管理者自我认知的状态

第 24 章

领导者之心的教练

发现信仰是一个翻山越岭的过程，理论不是道，却是悟道的“地图”。

领导力教练作为一个课程开发的时候，开发者往往会聚焦在一些管理模型或理论来设计课程。模型和理论固然有其价值，开发者们却不要因此而忽略了那些更为本质也更加鲜活复杂的应用中的真相。模型和理论一旦固化就成了一块木头，而教练是让这块木头重新长出枝桠和嫩叶。

对于教练者来说，挑战在于如何用一种方法，循序渐进地带领学员接近真相。这就像是登山，你登上山顶就可以看到更为广阔的景象，这比爬上半山腰需要付出更多的努力，其中也会面临更多的艰险和挑战。

在心智的登山旅途中，教练面对的挑战是找一条可靠的路径，安全而愉悦地登顶。成功的要诀是：手执地图又悉心体悟！有了这样的思考，你的体悟式教练机会就来了。

在领导力教练当中，我所关注的一个重要主题是“一报还一报”[①]的教练。“一报还一报”是个博弈论的策略，我最初对它的关注在于其展示的人际沟通策略。而在不断地应用于培训之后，我发现从领导力策略和领导者心智突破的角度来看这个策略更富

① 一报还一报（Tit for Tat）策略也被译作“投桃报李”策略，是加拿大博弈论专家拉波波特（Anatol Rapoport）发现的一种博弈策略，这个策略后来被发现广泛存在于动物社会、物种进化和人际关系等诸多领域中。

有深义。

抽象的策略要找到具体的管理场景才容易理解：“一报还一报”的故事从讨论如何对待“迟到”员工开始。如果一名员工上班迟到了，作为这名员工的领导，你会怎么办？

有不少管理者的回答是“按制度办”。不过制度并不能解决所有的问题，作为领导者需要找到有效的策略来解决问题。

作为一种体悟式教练的方法，之前提到的“分组讨论之后给出差异见解”，往往是一个很好的“心智挖掘”的方法。

对迟到员工的管理讨论就是这样展开的。不过，为了能够快速接近教练目标，给一个具体的讨论情景还是必要的。在这个讨论中，我通常会让各组讨论一个具体的问题：“如果你的下属迟到了，第一次你会怎么办？第二次呢？第三次呢？”这个问题比较具体，也比较接地气，不少带团队的管理者都曾遇到过类似的问题。这就相当于带着学员来到一座山丘旁，山丘并不高，学员们要想爬上这个山丘其实并不困难。

“道”并非现实却真实存在，高远而缥缈，想要“论道”，需要找一个大家熟悉的事情作为“道”的载体。迟到的管理场景就是这个载体。

当每组给出答案的时候，往往会有所差异。例如，下面的情况：

1. 首次谈话，问清楚原因；第二次要惩罚；第三次要加重处罚。

2. 首次谈话，问清楚原因；第二次动之以情，晓之以理，看需要什么帮助，并约定如果再迟到的处罚方法；第三次直接处罚。

3. 第一次就要按照制度处罚；第二次、第三次都是加重处罚。

4.……

有了差异，就有了教练的机会，“道”的影子也会浮现出来。例如，第3组和第1组、第2组的差异就是一个机会。第一次迟到“罚”还是“不罚”？

观点冲突和思维混乱也是受教者“悟道”的时机。

这时是你拿出“一报还一报”这张地图给学员们看的好时机了！你可以快速介绍这个策略的历史，也可以拿一个生活中的事例来加以说明。我或许会和学员聊聊这个策略在动物社会学中的研究。在这个领域的研究表明：动物的社会里面普遍遵循着这个法则。当然，聊一下大家熟悉的请客吃饭谁掏腰包的问题，也是个有趣的选择（如果每次都是你掏腰包的话，你要考虑一下这个策略了），这样富有生活体验的话题对学员的促动或许会更显著一些。

有了这张地图，你可以带领学员再回到“迟到案例”当中。首次迟到该不该罚呢？按照“一报还一报”的策略是不应该罚的，然而管理毕竟不是套用公式，教练在此时应该问的一个问题是：“第一次直接处罚有没有管理风险呢？”

运用群体的力量，融合了大家的管理经验之后，往往可以发现更多的真相：直接处罚可能会“误伤”，也可能会扼杀创造的积极性！一个有活力的组织应当有更强的“容错”能力……

这些结论都是真实存在的，像散落在山间的宝藏，虽然“地图”中没有注明，但通过群体学习的形式却可以慢慢地呈现出来。

在我作为教练最早探讨“一报还一报”策略的时候，并没有看到这诸多的宝藏，然而在和学员的互动当中，宝藏就不断闪现了。对于学员而言，也必定经历着类似的过程。灵性的火花在学员和教练形成的这个“场”当中是流动的，并且是相互点燃的。从固化的套路到发现许多鲜活的细节，以至于体悟到核心的价值，教练就是这么一个彼此陪伴的发现之旅。

回到下属迟到的例子当中来，下属第二次迟到该怎么办呢？

对于下属的这种不合作的行为，似乎“一报还一报”策略已经告诉了我们答案。按照这个策略，首次合作，之后重复对方的行为。如果对方上一次和你合作，你这一次也选择合作；如果对方上一次背叛你，你这一次就应该惩罚对方才对。这么说来，下属下次再迟到就应该惩罚的，对吗？地图无法涵盖所有的真相，宝藏和新的道路都需要自己去探索！这其中的困惑也潜藏着领导力教练的机会。

策略和实际的应用在具体行为上千差万别，而抽象的核心却和“道”一致。作为地图的这个理论并没有什么错误，只是管理者看到的是更加丰富的现实，脚踩这些现实，翻过一座座心智的山峰，“道”才得以显出真容。当敏锐的学员提出“这样的策略太多理论，并不见得有现实意义”的时候，真相就显现了一重：这个“第一次到第三次”并非实际的“一二三”。在现实当中，往往是普遍意义上的“第一个阶段到第三个阶段”，而非第一次到第三次，管理者的思维又可以从具象到普遍意义上的理解有了一次换框。

这个“一报还一报”策略和有效管理的实际差异还会给教练

带来什么样的机会呢？不断地攀登之后，人们会发现："一报还一报"是"天道"，而领导者之道恰恰是"人道"。那么，在"天道"的包容和惩罚之间，领导者需要做什么呢？

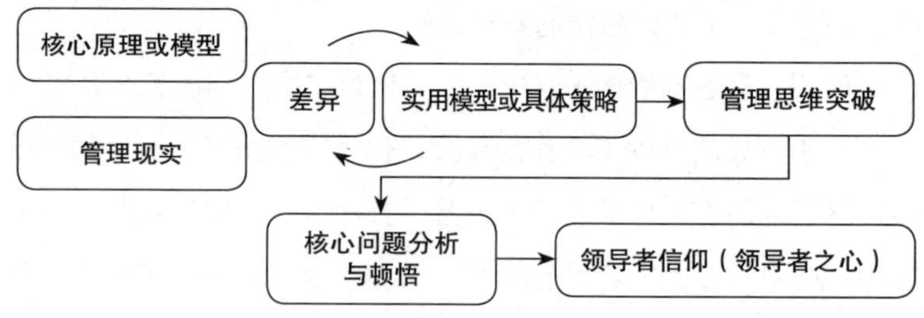

图24-1　运用"理论地图"发现领导者信仰之旅

如图24-1所示，恰恰是"反馈"，而且是体悟式的反馈！领导者恰恰是站在"天"与"人"之间的那群人，他们对跟随者所做的反馈正是"对天道的模拟"，让人们知道错误的行为必将招致失败甚至灾难。

也是因为领导者的位置和使命，领导者必定是教练者，让人们能够突破心智的迷障看到世界的真相。而教练者也必定是领导者，因为看到真相并不来自于教练者的"先知先觉"，而是来自于不断地行动与体悟中的灵感涌现。在行为中修心，在悟道中修行，是领导者与教练者共同的选择。

当你在开始一段教练之旅的时候，也未必需要看清眼前的路或者听说途中的风景，你需要的是那个启人心智的信仰，有了这个内在状态，就算站在《夺宝奇兵3：圣战奇兵》情景当中的那个断崖面前，你也会有勇气迈开前行的脚步。

幸运的是，这段探险之旅中，你并不孤单，学员们既是你的伙伴也是教练，作为一名体悟式教练，你只需要开启这场旅行。

跋

写完这本书让我有一种欣慰的感觉，就像是荣格在描述艺术创作的时候所提到的，有一种外部的力量在控制着自己，个体显然只是一支写作的笔而已。

教练，并不只是一个技术活，而是对人类某种核心的东西的探索，这种东西不管你如何描述它，都值得我们不断用心去体悟。

正是由于从事了培训师这个职业，我个人对教练的体悟就有了一个很好的着落和“名正言顺”的机会。在培训的实践中去体会教练，又让自己感到像是饥渴的路人被邀请进入了长满甜美果实的果园。而实际上，对于从事企业管理或者正在投入自己事业的人们而言，教练的话题同样是甜美而富有营养的食品，值得细细品尝。当然，美味的营养品不应该只是我们从事职业教练的人独享，对所有悉心体悟世界并期望有所创造的人而言，都具有同样的机会和待遇。

在写作中，更多地让我感受到“真相就像个有趣的智者”，总是巧妙地躲在某个地方，只有你用了真心去感受，他才会走出来和你愉快地玩耍。而大多数急躁的心灵，往往会被世界的表象所迷惑而失去和真相陪伴的机会。

回到我熟悉的培训行业中来看，即便是在培训师的群体当中，他们的行为也和其他各行各业乃至社会大众心理所反映出来的景象一样，急切地想要追求具象而明确的方法和工具，热切地想去追求流行的词汇和概念。当精力聚焦在外在的东西之后，向内发现的动力往往就显得不足了。作为培训师而言，披上了教练的外衣，却可能把教练的心给弄丢了。这显然不是大多数人的初衷。

如果这本书能给培训行业的同仁以及在自己的事业中不断创造的朋友带来一些关注心灵的共鸣和方法上的启发，那么，之前的这些文字就足够慰藉我当下的心灵了。

最终，任何一个向善的灵魂都值得成为一名真正的教练。

读书笔记

读书笔记

好书是俊杰之士的心血，智读汇为您精选上品好书

《解密 HRBP 发展与体系构建》这本书将全面告诉你 HR 如何成为 BP，他的真知灼见一定会助力 HRBP 的实践。

《解密 HRBP 发展与体系构建》姊妹篇，更多实战案例、工具与方案，传统 HR 向 HRBP 转型的必备工具书。

从逻辑的起点，到形式逻辑的三大基本规律和基本推理，再到 19 种逻辑谬误等概念浅近直白地呈现出来。

这是一本向 3M 光辉创新历史致敬的书，本书是对创新理论的再认识，也是对企业发展基础再思考的过程。

本书是一位阿米巴经营顾问的感悟，一本中国企业阿米巴经营落地教材，打开阿米巴经营的金钥匙。

这本《企业基因图》揭示了创业者是否具有做老板的基因，经营企业的奥秘，至少让你少走五年的弯路。

—智读汇系列精品图书诚征优质书稿—

智读汇全媒体出版中心是以“内容 +”为核心理念的教育图书出版和传播平台，与出版社及社会各界强强联手，整合一流的内容资源，多年来在业内享有良好的信誉和口碑。本出版中心是《培训》杂志理事单位，及众多培训机构、讲师平台、商会和行业协会图书出版支持单位。

向致力于为中国企业发展奉献智慧，提供培训与咨询的**培训师、咨询师，优秀的创业型企业、企业家和社会各界名流**诚征优质书稿和全媒体出版计划，同时承接讲师课程价值塑造及企业品牌形象的**音像光盘、微电影、电视讲座、创业史纪录片**等。

出版咨询：13816981508，15921181308（兼微信）

好书是俊杰之士的心血，智读汇邀您呈现精彩好笔记

—智读汇书友俱乐部读书笔记征稿启事—

亲爱的书友：

感谢您对智读汇及智读汇 · 名师书苑签约作者的支持和鼓励，很高兴与您在书海中相遇。我们倡导学以致用、知行合一，特别推出互联网时代学习与成长群。通过从读书到微课分享到线下课程与入企辅导等全方位、立体化的尊贵服务，助您突破阅读、卓越成长！

书 好书是俊杰之士的心血，智读汇为您精选上品好书。

课 首创图书售后服务，关注公众号、加入读者社群即可收听 / 收看作者精彩微课还有线上读书活动，聆听作者与书友互动分享。

社群 圣贤曰："物以类聚，人以群分。"这是购买、阅读好书的书友专享社群，以书会友，无限可能。

在此，我们诚挚地向您发出邀请：请您将本书的读书笔记发给我们。

同时，如果您还有珍藏的好书，并为之记录读书心得与感悟；如果你在阅读的旅程中也有一份感动与收获；如果你也和我们一样，与书为友、与书为伴……欢迎您和我们一起，为更多书友呈现精彩的读书笔记。

笔记要求：经管、社科或人文类图书原创读书笔记，字数2000字以上。

投稿邮箱：3391271633 @qq.com

投稿微信：zhiduhui9

读书笔记被"智读汇书友"公众号选用即回馈精美图书 1 本。精美图书范围：1. 智读汇已出版图书；2. 京东、当当书城心仪已久的好书。

每篇采用的读书笔记，两者任选 1 本，免费赠书（包邮）。